Migene González-Wippler

Sonhos

Aprenda a se lembrar dos seus sonhos e a desvendar os significados por trás deles

São Paulo
2018

Grupo Editorial
UNIVERSO DOS LIVROS

Dreams and What They Mean To You
Copyright © 1990 by Migene González-Wippler
Publicado por Llewellyn Publications
Woodbury, MN 55125 USA
www.llewellyn.com

Copyright © 2010 by Universo dos Livros
Todos os direitos reservados e protegidos pela Lei 9.610 de 19/02/1998.
Nenhuma parte deste livro, sem autorização prévia por escrito da editora, poderá ser reproduzida ou transmitida sejam quais forem os meios empregados: eletrônicos, mecânicos, fotográficos, gravação ou quaisquer outros.

Diretor editorial: **Luis Matos**
Editora-chefe: **Marcia Batista**
Assistente editorial: **Letícia Nakamura**
Tradução: **Mariana Ribeiro**
Preparação: **Maria Regina Ribeiro Machado**
Revisões: **Fabiana Chiotolli** e **Juliana Gregolin**
Arte: **Valdinei Gomes e Aline Maria**
Capa e projeto gráfico: **Rebecca Barboza**

Dados Internacionais de Catalogação na Publicação (CIP)
Angélica Ilacqua CRB-8/7057

G653s   González-Wippler, Migene

Sonhos / Migene González-Wippler ; tradução de Mariana Ribeiro. - - São Paulo : Universo dos Livros, 2018.
144 p.

Bibliografia
ISBN: 978-85-503-0330-7
Título original: Dreams & what they mean to you

1. Sonhos (Interpretação) 2. Psicanálise I. Título
II. Ribeiro, Mariana

18-0251   CDD 154.634

Universo dos Livros Editora Ltda.
Rua do Bosque, 1589 – Bloco 2 – Conj. 603/606
CEP 01136-001 – Barra Funda – São Paulo/SP
Telefone/Fax: (11) 3392-3336
www.universodoslivros.com.br
e-mail: editor@universodoslivros.com.br
Siga-nos no Twitter: @univdoslivros

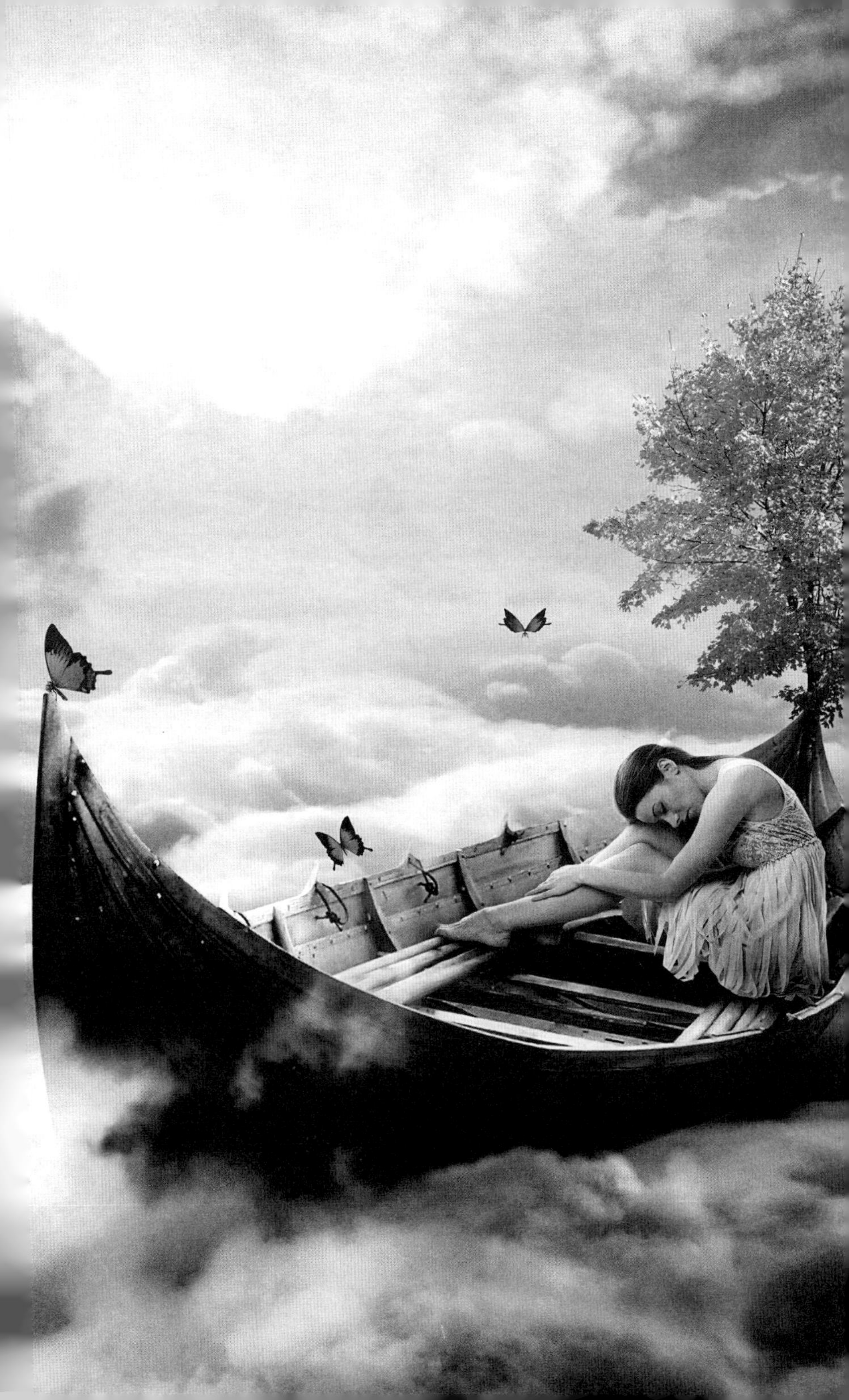

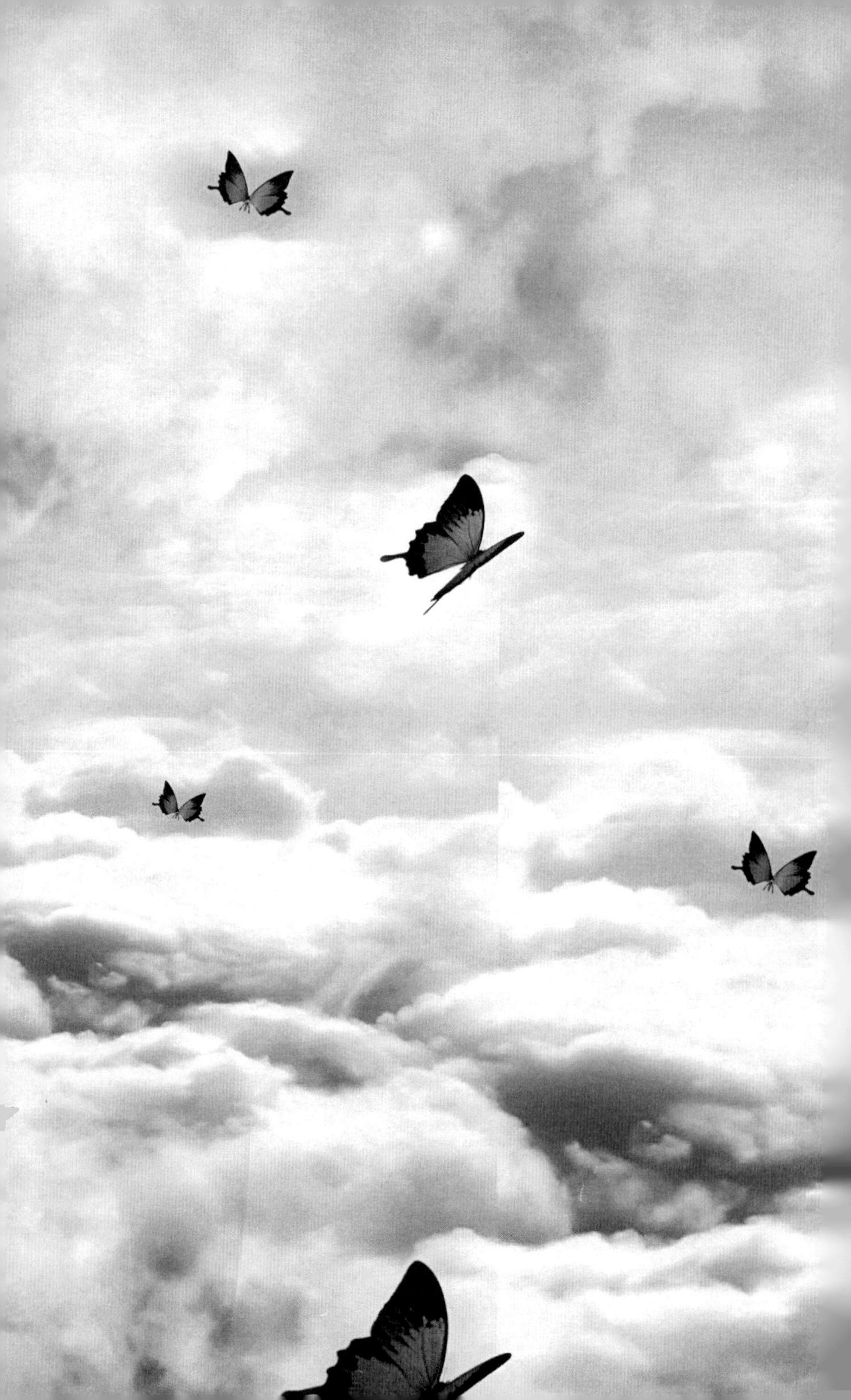

Sonhe seu caminho para o sucesso

Infelizmente, os sonhos são um dos aspectos mais negligenciados de nossa consciência. Raramente lembrados ou levados a sério, eles remetem apenas a uma série bizarra de imagens surpreendentes ou perturbadoras que nossas mentes criam sem nenhuma razão em particular.

Nossos sonhos, por meio de uma linguagem própria, contêm informações importantíssimas sobre nós mesmos, as quais, se analisadas e interpretadas adequadamente, podem mudar nossas vidas.

Neste fascinante livro, a autora traz informações que nos permitirão começar a interpretar – e até mesmo a criar – nossos próprios sonhos.

Você aprenderá como criar a linguagem dos sonhos – símbolos que a mente usa para desvendar nossos conflitos mais íntimos. Também aprenderá como recordar-se dos sonhos, manter um diário sobre eles e preparar-se para dormir, de forma que sonhe melhor. Poderá ainda consultar o Dicionário de Sonhos para entender o que cada um significa.

No entanto, o mais importante deste livro é que você aprenda a praticar o sonho criativo, ou seja, a controlar conscientemente seus sonhos enquanto dorme.

Entendendo seus sonhos, você não apenas entenderá melhor a você mesmo, como ainda compreenderá os outros e suas relações com eles. Sonhos e seus significados possibilitam a qualquer um o conhecimento necessário para começar a praticar uma análise, chamada por Freud de "a estrada real" da mente inconsciente. Quando a pessoa aprende a controlar os sonhos, seus horizontes se ampliam e suas chances de sucesso aumentam enormemente.

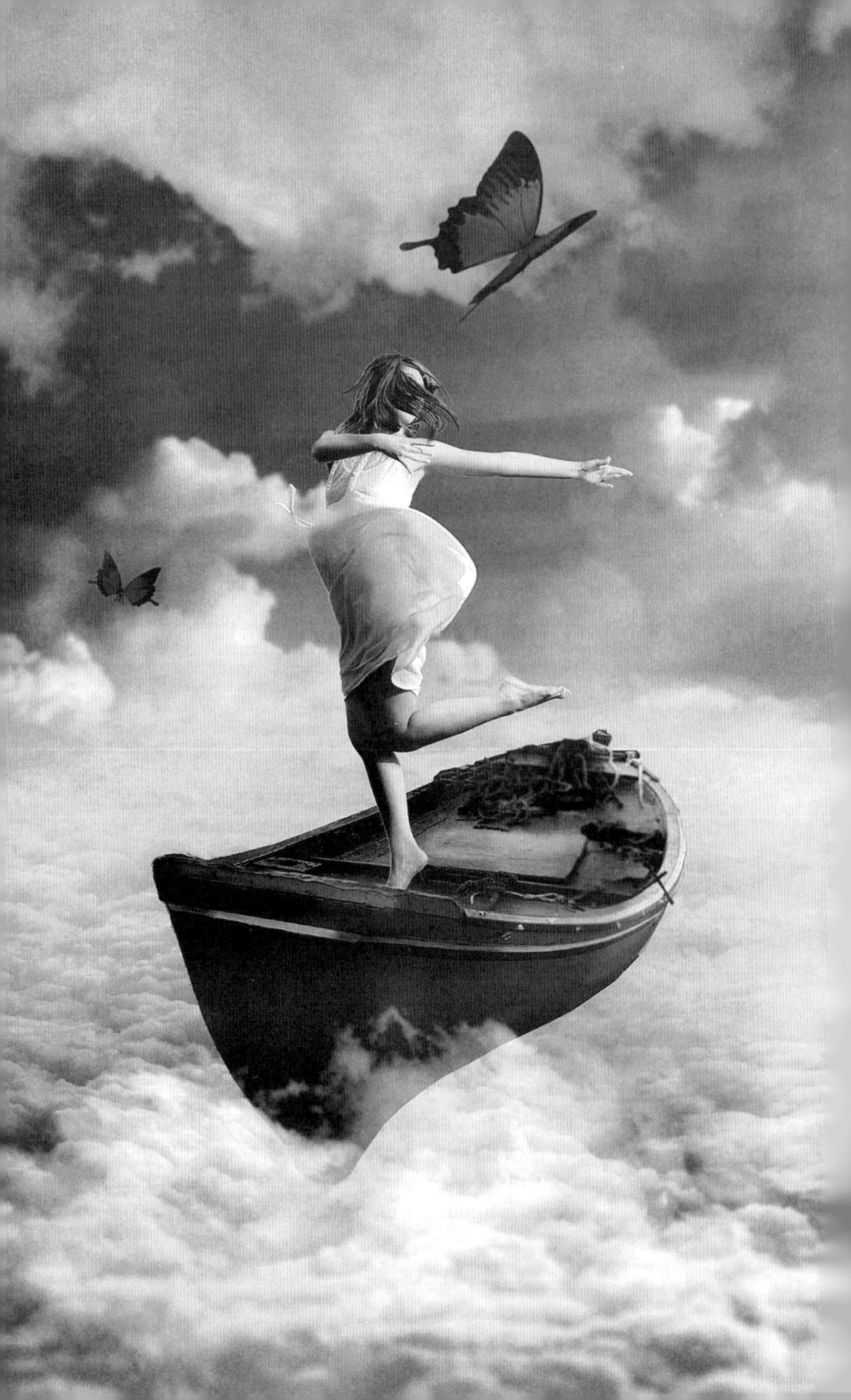

Sumário

Entendendo a mente humana 9
Por que dormimos? 24
O que é um sonho? 31
A simbologia dos sonhos 41
Pesadelo 51
É possível controlar os sonhos? 57
Como interpretar os sonhos? 63
Dicionário de Sonhos 68
Sobre a autora 143

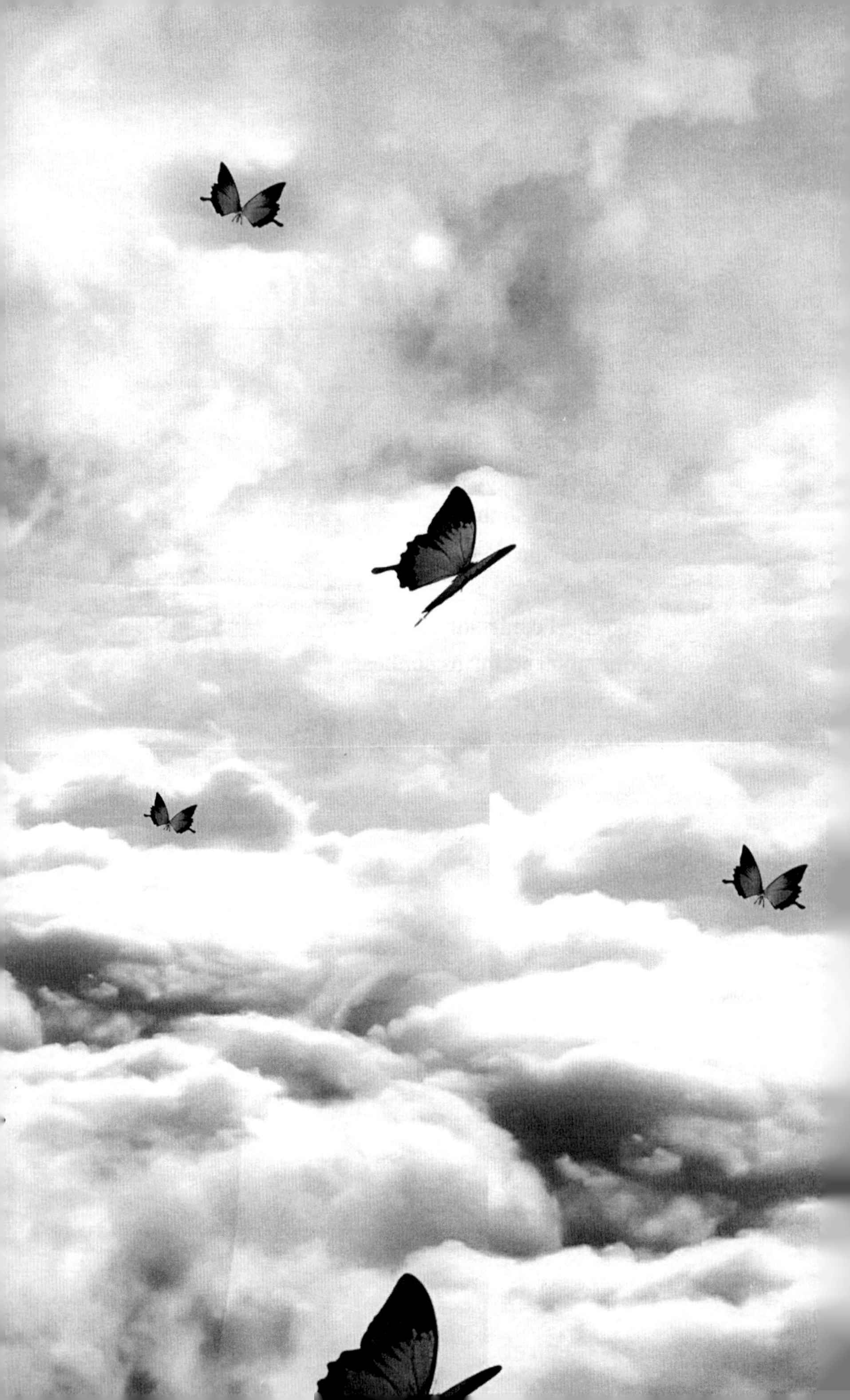

Entendendo a mente humana

"Eu acredito que seja verdade que os sonhos são a verdadeira interpretação de nossas inclinações, mas há uma arte que é necessária para propagá-los e entendê-los."

Montaigne, Ensaios

Desde o início dos tempos, o homem é fascinado pelos mistérios de sua própria mente. Ele tenta penetrar os labirintos intrínsecos de seu processo mental de incontáveis formas. Mesmo assim, ainda hoje, apesar das muitas descobertas e avanços no campo da psicologia, o homem ainda repete a eterna pergunta: *O que é a mente?*

A definição de Platão sobre mente

Muitos intelectos incríveis tentaram responder a essa questão. Platão definiu mente como a qualidade espiritual dada por Deus, totalmente separada do que ele chamava "material grosso do corpo". Nossos sentidos físicos: visão, tato, audição geralmente nos enganam. Mas, por meio da razão, enraizada na mente, podemos chegar a um conhecimento verdadeiro e ao entendimento. Para Platão, a razão é um veículo pelo qual nossas experiências sensoriais e memórias do passado poderiam ser usadas como processo de síntese, análise e classificação que nos ajudaria a entender o mundo à nossa volta. **Ideias**, um termo criado por Platão, eram certamente qualidades ou essências da mente que aprendemos a identificar como "realidades permanentes", as quais constantemente comunicam sua forma imutável e personalizam nossas vidas transcendentais na Terra. Entre essas ideias, ele citava a beleza, a verdade, a fé, a esperança e os pensamentos abstratos.

A teoria de Aristóteles

Famoso discípulo de Platão, Aristóteles tinha visões diferentes de seu mestre supremo. Para ele, o corpo tinha misteriosos poderes psíquicos, os quais ele associava à existência da alma no homem. Por alma ele queria dizer a energia vital presente em todos os seres vivos. Em seu aspecto mais primitivo, a alma **nutritiva** mantém todos os corpos vivos, crescendo e reproduzindo sua espécie. A alma **sensível** reflete as emoções e sensações, ou seja, é o centro da memória. Já a alma **racional** possibilita pensar, julgar e raciocinar. É a mente. No entanto, Aristóteles, diferentemente de Platão, acreditava que os sentidos e mentes têm uma ligação na alma humana. Mas ambos concordaram a respeito de algo básico: os incríveis poderes da mente.

Após a morte de Aristóteles, quase dois mil anos se passaram antes de outro filósofo propor novas respostas para as questões relativas à mente. Foi René Descartes, indiscutivelmente o maior dos filósofos franceses.

A discussão de Descartes

Descartes, mais conhecido por sua famosa frase: "Penso, logo existo", redefiniu o pensamento como uma série de processos mentais conscientes, que inclui sentimentos, sensações, pensamentos intelectuais e desejos. Ele aprofundou a divisão de Platão sobre corpo e mente, insistindo que a sensação era mais uma função da mente que do corpo. De fato, acreditava que todos os processos de animação do homem eram controlados pela mente. Sua teoria mais ousada era de que a mente tinha ideias "inatas", ou seja, com as quais nascia. Acreditava ainda que a mente estava sempre em funcionamento, até durante o sono.

A teoria de Descartes criou uma verdadeira colmeia de controvérsias entre os estudiosos da época. Alguns, como John Locke, a rejeitaram totalmente. No entanto, muitos foram os outros, a exemplo de Baruch Espinosa, que a aceitaram, ainda que com certa reserva.

De todos os contemporâneos de Descartes, Espinosa foi talvez o mais importante devido à influência que exerceria séculos depois em um dos mais inovadores pensadores de todos os tempos: Sigmund Freud.

O nascimento da psicologia

Quando Freud nasceu, na Áustria de 1856, a ciência da psicologia estava na infância. Ela havia "nascido" apenas seis anos antes, no dia 22 de outubro de 1850, quando um professor alemão chamado Gustav Theodor Fechner decidiu mensurar cientificamente a mente e as questões a ela relacionadas. Dez anos depois, Fechner escreveu seu trabalho mais famoso, *Elementos da psicofísica*, no qual apresentava ao mundo suas técnicas de mensuração de processos mentais.

Os estudos de Fechner foram seguidos pelos de Wilhelm Wund, cujo primeiro interesse era o tema **sensação**. Wundt conduziu numerosos experimentos nos quais tentou estudar as experiências em elementos da sensação. Durante esses experimentos, estudantes do seu laboratório deveriam olhar para lâmpadas, escutar metrônomos e alfinetar-se com agulhas. O propósito era analisar o que haviam visto, escutado e sentido. Seu primeiro trabalho importante, *Princípios da psicologia fisiológica*, foi publicado em 1874.

O trabalho pioneiro de Fechner e Wundt foi seguido por muitos cientistas de ambos os lados do Atlântico. Nos Estados Unidos, William James, o ilustre irmão do romancista Henry James, voltou sua atenção para a consciência humana, a qual descreveu como contínua e seletiva. *Os princípios da psicologia*, seu maior trabalho, publicado em 1890, ainda é usado como livro de referência em universidades.

Desenvolvimento das divisões

Em 1905, duas escolas de psicologia experimental haviam se desenvolvido. Uma delas foi a americana Behaviorista. A outra foi a alemã Gestalt. O behaviorismo acreditava que o estudo das ações humanas pode ajudar a entender as razões do comportamento, portanto tinha como objetivo clarificar os processos mentais. Os psicólogos da Gestalt, por outro lado, lidavam com a percepção. A principal tese deles era que sempre tendemos a perceber o todo antes das partes. Isso os levou a acreditar que a percepção imediata e significativa é alcançada pela habilidade da mente em criar relações. Assim, nós percebemos o tom de uma música antes de aprendermos as notas, percebemos a forma e a beleza de uma rosa antes de notarmos suas pétalas, seu caule e suas folhas.

As escolas do behaviorismo e a Gestalt ainda são ativas no presente e, embora suas abordagens no estudo da mente sejam completamente diferentes, com frequência interpõem seus inúmeros pontos de vista.

A teoria do inconsciente de Freud

Enquanto os psicólogos do behaviorismo e da Gestalt estavam preocupados com os trabalhos da mente consciente, em Viena, Freud estava profundamente envolvido com o estudo da *mente profunda inconsciente*. Após graduar-se médico, em 1885, foi a Paris por um período para estudar sob a supervisão do famoso professor e neurologista Jean Marie Charcot. O interesse dele pelos métodos de Charcot foi primeiro direcionado ao uso da hipnose no tratamento de histeria em franceses.

Quando Freud retornou a Viena, começou a "ensaiar" o desenvolvimento de suas teorias sobre o inconsciente. Após uma curta tentativa em um trabalho de colaboração com Josef Breuer, colega físico, começou a trabalhar sozinho em sua crença de que as emoções e motivações inconscientes são os primeiros instigadores de nossas vidas. Essas ideias, tanto quanto a crença na importância da sexualidade infantil no desenvolvimento da personalidade, alienaram um número enorme de colegas, que acreditavam que o homem era essencialmente um ser racional. Freud foi execrado pelo restante da comunidade científica, mas a fé em suas teorias nunca diminuiu, e o mundo teve que reconhecer a importância de suas contribuições ao campo da psicologia.

A teoria da repressão de Freud

Freud acreditava que o indivíduo médio rejeitava todos os impulsos destrutivos e hostis, além das formas sociais inaceitáveis de gratificação sexual. Esses desejos antissociais são por demais desagradáveis de admitir perante a autoconsciência da civilização humana. A consciência desses desejos provoca ansiedade, bloqueando impulsos negativos em um processo chamado repressão.

A teoria do impulso sexual de Freud

Após a teoria da repressão, seguiu-se a teoria de Freud sobre a sexualidade humana. Ele chamou o instinto sexual de "libido" e em sua concepção, a vida sexual de um indivíduo começa no nascimento. A seu ver, a libido de uma pessoa poderia ser satisfeita de inúmeras formas, como pela prática extenuante de atividades físicas e inúmeras expressões criativas. A libido é frequentemente reprimida pelas demandas da sociedade sobre o indivíduo, criando um enorme conflito em sua personalidade. Desse modo, devem ser encontradas outras maneiras de aliviar a ansiedade provocada pelos instintos sexuais na pessoa.

Freud acreditava que o instinto sexual é um dos dois principais impulsos na personalidade, sendo o segundo o instinto de autopreservação. Os dois impulsos foram reunidos por ele em um anseio chamado "instinto vital", que ele denominou *Eros*. Acreditava que o instinto vital é capaz de redirecionar outro instinto básico chamado "instinto de morte" para longe do indivíduo aflito, de forma que ele não agrida o mundo exterior.

Id, Ego e Superego

Observações adicionais da personalidade humana, especialmente em soldados que haviam sofrido traumas de guerra, levaram Freud a sugerir uma divisão da personalidade que formaria a coluna vertebral de sua psicologia. Ele concluiu que a personalidade humana é formada de três partes inter-relacionadas: o Id, o Ego e o Superego.

O Id é totalmente inconsciente e composto de anseios primitivos e instintos que buscam gratificação sem se importar com as consequências para o indivíduo.

O Ego é a parte consciente da personalidade que se encontra entre o Id e o mundo real e age como uma espécie de mediador entre os dois.

O Superego é a parte consciente e impulsiona o indivíduo a resistir aos impulsos negativos do Id e a praticar os maiores e mais nobres ideais humanos. Ele age em um senso de "consciência" e julga severamente o comportamento "bom" e o "ruim". Obediência aos impulsos do Superego promove o sentimento de felicidade, enquanto a desobediência leva a pessoa a sentir-se culpada e sem valor.

A função do Ego

O Ego, posicionado entre as conflitantes exigências do Id e do Superego, suporta tensões e conflitos. A personalidade humana é formada a partir do resultado desse esforço e de como isso afeta o Ego. Quando o Ego é bem-sucedido em harmonizar os anseios do Id e do Superego, o resultado é uma personalidade equilibrada e saudável. Quando falha, a personalidade pode ser prejudicada e uma neurose ou ansiedade crítica pode surgir. Se o problema for sério a ponto de o Ego não mais funcionar, o resultado é uma psicose ou doença mental.

Os impulsos reprimidos tanto do Id quanto do Superego empenham-se em alcançar expressão e gratificação, da mesma maneira que manifestam uma forte influência na personalidade. O indivíduo não pode descrever esses impulsos, a não ser por meio de imagens simbólicas disfarçadas em escorregões da língua, lapsos de memória e em sonhos.

Sonhos como pistas do inconsciente

Freud logo concluiu que os sonhos poderiam lhe dar inestimáveis pistas sobre sentimentos reprimidos que causam distúrbios psicológicos em um paciente. Acabou por desenvolver uma teoria sobre os sonhos, pois lhe parecia o melhor relato possível do inconsciente humano. A razão de eles serem essencialmente simbólicos, de acordo com Freud, é que em geral representam um desejo inconsciente socialmente inaceitável, assustador ou desprezível demais para ser permitido pela consciência externa, mesmo na forma de um sonho. Por isso, são disfarçados de maneira simbólica e então podem ser libertados da inconsciência, aliviando toda a tensão e ansiedade do mundo exterior e da personalidade consciente.

Associações livres

No início da prática psicológica, Freud empregava as técnicas de hipnose que aprendera com Charcot, mas logo concluiu que esse sistema tinha inadequações que impediam seu progresso. Alguns de seus pacientes não conseguiam ser hipnotizados de forma alguma e aqueles que conseguiam, nem sempre respondiam aos sugestionamentos. Isso o levou a pesquisar abordagens alternativas do inconsciente, até posteriormente desenvolver uma técnica que ele chamou de "associação livre". Pedia aos seus pacientes que se deitassem em um divã e falassem sobre a primeira coisa que lhes viesse à cabeça. Era o nascimento da psicanálise.

Os sonhos, de qualquer forma, permaneceram a maior fonte de informação do que se encontra na inconsciência humana. Em 1900, Freud publicou seu trabalho clássico *A interpretação dos sonhos*, usado ainda hoje na psicologia moderna.

Jung se junta à pesquisa

De todos os seguidores de Freud, o mais famoso foi o psiquiatra Carl Gustav Jung que, entre outras coisas, desenvolveu os conceitos de *extroversão* e *introversão*, ainda empregados no campo da psicologia.

Embora fascinado por algumas das ideias de Freud sobre o inconsciente, Jung logo se afastou por causa da grande importância que ele também atribuía à sexualidade. A doutrina de Jung, que seria conhecida como Psicologia Analítica, foi profundamente influenciada por mitos, misticismo, metafísica e experiência religiosa. Para ele, o trabalho de Freud era demasiado materialista e biológico em suas orientações, o que confrontava com a sua concepção sobre a importância do lado histórico e espiritual do homem. Quando publicou seu revolucionário trabalho *Psicologia do inconsciente*, em 1912, a separação formal entre os dois estudiosos estava selada.

A diferenciação de Jung

Jung redefiniu alguns dos termos freudianos no desenvolvimento da psicologia. Ego, por exemplo, foi classificado como complexo de representação, que constitui o centro da consciência individual e tem um nível muito alto de continuidade e identidade. Ele via o Ego como um "complexo autônomo", que se encontra no centro da consciência. Já nós o vemos como o Ego de Freud, formado por todos os componentes da identidade pessoal, o **EU**, ao passo que a conscientização é a manifestação da autoconsciência do indivíduo sobre si mesmo e o mundo exterior.

Outro termo freudiano redefinido por Jung é *libido*. Enquanto para Freud a palavra significava o complexo inteiro de impulsos sexuais, para Jung era a energia dos processos da vida. Usava frequentemente dois termos cambiáveis para descrever a energia que opera a psique. Um deles era libido, e o outro, **energia psíquica**. A grande diferença em relação aos conceitos de libido de Freud é que a proposta de Jung era trabalhar com conceitos de energia mais amplos e mais flexíveis. Para ele, a libido ou energia psíquica tinha dois aspectos: um era a energia cósmica, e o outro, aquela manifestada especificamente na psique do homem.

Consciência na definição de Jung

Jung também confrontou a psicologia de Freud em relação aos conceitos dos vários níveis de consciência. A seu ver, a psique consiste em três camadas. Na superfície está a consciência, abaixo, o inconsciente pessoal e na base, o inconsciente coletivo ou objetivo.

A **consciência** contém as atitudes do indivíduo, o Ego dele, sua forma de abordar o ambiente externo. É ainda a base dos processos lógicos e racionais. Não é apenas a face que ele apresenta ao mundo, mas inclusive, a consciência dele e do que coopera com ele.

O **inconsciente pessoal** abriga o conteúdo psíquico que foi reprimido pela consciência deliberadamente ou sem propósito deliberado, tanto como as ânsias que ainda não alcançaram todos os aspectos da personalidade. De muitas maneiras, o inconsciente pessoal assemelha-se do conceito freudiano de Id, mas Jung o concebeu apenas como "a camada mais ou menos superficial do inconsciente". Ele contém fantasias, sonhos e ideologias de caráter pessoal, os quais são o resultado de experiências de âmbito particular, coisas esquecidas ou reprimidas.

O **inconsciente coletivo ou objetivo** é a maior e mais profunda área da psique. Jung acreditava que essa parte da inconsciência humana é a base de todas as memórias da humanidade e contém as raízes de quatro funções psicológicas: sensação, intuição, pensamento e sentimento. É ele que contém os traços da memória latente de toda a história do homem.

O inconsciente é comum a todos os seres humanos e abriga todas as histórias do passado. Portanto, a princípio, de acordo com Jung, *o inconsciente humano tem todas as respostas para todas as questões possíveis sobre o início do homem.* Todos nossos medos latentes, desejos e inclinações que vêm do inconsciente coletivo assim como o Ego e o inconsciente pessoal são construídos nele.

Arquétipos

Uma parte considerável do inconsciente coletivo consiste naqueles componentes básicos da psique humana chamados **arquétipos**, que é um conceito universal que contém um elemento essencial de emoção e mito.

O conceito de arquétipo é muito importante no entendimento da simbologia dos sonhos, pois explica por que algumas imagens parecem ter um significado universal que se aplica a todos os membros da raça humana, enquanto outras são altamente personalizadas e só interessam ao sonhador pessoal.

Jung concebeu o arquétipo como um "complexo autônomo", uma parte da psique que se separa da consciência até a extensão em que aparenta ser independente do restante da personalidade, levando uma vida autônoma por ela mesma. Isso não é uma condição anormal, no entanto, "esclarece" alguns aspectos da personalidade, ou seja, é a consciência que mantém total controle de várias partes da psique.

O principal tipo de complexo autônomo ou arquétipo concebido por Jung como partes da psique, consiste **persona, sombra, anima, animus** e **eu**. Esses arquétipos aparecem nos sonhos em forma de figuras que podem ou não ser conhecidas pelo sonhador.

A *persona*

A *persona* é a máscara que o indivíduo usa na vida diária, a face que apresenta para o mundo exterior. Isto é, sua personalidade consciente. É identificada com o Ego e aparece em sonhos na forma de figuras que personificam essas qualidades e tipificam o Ego. Se o indivíduo possui uma perspectiva de vida severa, a *persona* poderá aparecer em seu sonho como um velho senhor austero e rígido. Por outro lado, se ele possui uma visão mais "desprendida", poderá ser representada por um palhaço ou uma criança.

Por representar a atitude consciente individual, ela é colocada na psique como o oposto do inconsciente. Isso significa que os conteúdos da *persona* estão continuamente em uma relação tensa com o inconsciente, por isso qualquer extremo que o indivíduo construa nela será contrariado por opostos extremos. Por exemplo, se mostra ao mundo uma face excessivamente moralista, sofrerá um tormento enorme de anseios completamente opostos do inconsciente. Dessa maneira, é vital para a saúde mental esforçar-se para construir uma *persona* equilibrada, que seja harmoniosa com o indivíduo e frequentemente mantida.

A sombra

O Ego tende a desenvolver o lado forte da personalidade e a integrá-lo em atitudes conscientes e, desse modo, na *persona*. Os aspectos mais fracos da psique são reunidos como indesejáveis no inconsciente e lá formam outro complexo autônomo ou outro arquétipo chamado sombra, que é o lado escuro da personalidade, aparecendo de tempos em tempos para atormentar e ameaçar o indivíduo. Ele surge conscientemente em forma de aviso, como humores instantâneos e anseios que levam o indivíduo a fazer e dizer coisas geralmente contrárias a seu comportamento. Isso acontece quando a tensão entre a *persona* e o inconsciente é tão grande que enorme quantidade de libido ou energia psíquica é liberada pela psique. Como essa libido é deixada sem direcionamento e sem canalização, ela se volta então para o inconsciente e traz à tona anseios reprimidos e desejos de fluir nos aspectos conscientes da psique. Essa superabundância é o arquétipo conhecido como sombra.

A sombra sabe

Muito comumente, instintos normais e impulsos criativos são relegados ao reino das sombras juntamente com o lado negativo e destrutivo do Ego. Por essa razão, é vital para todo indivíduo aceitar esse aspecto mais escuro da personalidade e tentar entender e canalizar essa energia em caminhos construtivos de forma que não sobrecarreguem a consciência, ameaçando sua normalidade e bem-estar. A interação entre o Ego e as sombras não é diferente da luta entre o doutor Jekyll e o senhor Hyde no romance de Robert Louis Stevenson. Poderíamos dizer que as sombras são o pior lado de um indivíduo, a parte dele que ele **se recusa ou fracassa em aceitar e reconhecer.**

Nos sonhos, a sombra aparece de maneira vaga, uma figura em geral ameaçadora, difícil de ser discernida com clareza. É invariavelmente antagônica e quase sempre ameaçadora. Outras vezes se mostra sob a fantasia de um inimigo ou alguém de fato considerado detestável pelo sonhador.

Uma das principais formas de a pessoa identificar alguns de seus conteúdos é observando suas reações mais negativas sobre os fatos e a forma como o faz. Aquilo que ela realmente abomina é por certo o mesmo que ocupa o centro de suas sombras. Logo, ela deve entender a verdade sobre si mesma porque isso irá torná-la mais equilibrada.

Anima e animus

Anima e animus são as concentrações das características do sexo oposto existentes em todo o ser humano. A *anima* é o elemento feminino escondido em todo homem. Em um homem, a *anima* é o centro do lado emocional, instintivo e intuitivo da personalidade. Esse arquétipo é formado pela aglutinação de todos os homens e mulheres que se conhecem ao longo da vida, especialmente a mãe.

A integração da *anima* irá possibilitar que o homem desenvolva sua sensibilidade, espontaneidade e natureza receptiva, e permitirá que se torne menos agressivo, mais caloroso, generoso e compreensivo. Por outro lado, a repressão das características femininas resultarão em obstinação, dureza e rigidez, e algumas vezes irresponsabilidade e tendência ao alcoolismo.

O *animus* na mulher age de maneiras muito mais específicas que no homem. A habilidade de uma mulher de arriscar-se calculadamente, tomar decisões de última hora, ser forte, manter a cabeça erguida, adquirir segurança e independência são qualidades masculinas, presentes em seu *animus*. Quando a mulher ignora tal aspecto de sua natureza, torna-se lamentosa, aflita e insegura.

Quando um indivíduo for capaz de desvendar o *animus* ou a *anima*, terá um melhor entendimento do sexo oposto e conseguirá aumentar toda a gama de pontenciais de sua personalidade.

Nos sonhos, a *anima* aparece para o homem na figura de uma mulher sem rosto, ou com uma face desconhecida; para a mulher, o *animus* aparece como um grupo de homens ou apenas um homem com qualidades contrastantes. Como a *anima* e o *animus* são resultado de transformações das sombras, a aparência de qualquer um dos dois arquétipos em sonhos deve ser acompanhada da intrusão de impulsos inconscientes desagradáveis na personalidade consciente.

Mas há um lado positivo nessa situação. Enquanto houver um período da vida do indivíduo marcado por perturbações nos padrões normais de comportamento, a emergência da *anima* ou do *animus* indica que a integração da personalidade está se consolidando. Por Jung, essa integração era chamada de "processo individual".

O processo individual

Quando o processo individual é completo, um arquétipo novo, também muito importante, emerge da psique: o eu. Nesse ponto, a *anima* ou o *animus*, são os símbolos do inconsciente e de todos os arquétipos, perdem sua força, liberando quantidades enormes de energia psíquica ou libido na psique. Essa libido descansa em uma zona crepuscular, onde age como uma ponte entre os aspectos consciente e inconsciente. A harmonia que é criada quando os conflitos opostos são expressos pelo consciente e pelo inconsciente é resolvida na incorporação do eu. O Ego ou *persona* encontra-se então girando em torno do eu, que é agora o centro da psique e a fonte de toda a energia.

O eu superior

O eu como arquétipo simboliza o mais elevado aspecto espiritual do homem. É o *atman*, o eu superior, o santo anjo guardião, o eu budista, o deus interior. É o mais alto ideal a que podemos aspirar.

Quando o eu aparece em um sonho, ele costuma indicar que o processo de individualização está completo e a personalidade está sendo integrada de forma bem-sucedida. No sonho de um homem, o eu significa o velho sábio. No sonho de uma mulher, essa figura aparece como a grande mãe. Mas, em cada caso, o eu tem quatro aspectos principais que representam as quatro qualidades da psique. Esses quatro aspectos têm um lado positivo ou negativo, como descrito na Tabela 1.

O aspecto negativo é o arquétipo do eu ideal, os resíduos dos conteúdos integrados das sombras. Quando um sonho indica que as forças particulares do indivíduo têm sido ignoradas, é um sinal de que ele deve se reconhecer e se aceitar para que ocorra a individualização total. O eu torna-se um todo integrado quando todos os aspectos das diferenças são desenvolvidos individualmente e absorvidos pela personalidade.

Como já visto, os arquétipos são parte do inconsciente coletivo e, como tal, têm significados universais. Quando um deles aparece em sonhos, tem significados similares para todos os seres humanos. Os elementos pessoais dos sonhos não são o arquétipo na essência, embora possam representar aspectos da inconsciência do sonhador.

Tabela 1: O lado positivo ou negativo dos quatro elementos principais que representam as quatro qualidades da psique

A grande mãe	O velho sábio
Intelecto	Intelecto
Amazona (positiva)	Herói (positivo)
Caçadora (negativa)	Vilão (negativo)
Intuição	Intuição
Sacerdotisa (positiva)	Coringa (positivo)
Bruxa do mal (negativa)	Mago negro (negativo)
Emoção	Emoção
Sensação	Juventude (positiva/negativa)
Mãe (positiva)	Vagabundagem (negativa)
Mãe terrível (negativa)	Sensação
	Pai (positivo)
	Ogro (negativo)

A importância da teoria de Jung

A razão por que estudamos tão extensamente várias escolas psicológicas, e em particular as teorias de Jung, é que para tentar compreender a simbologia dos sonhos, e até mesmo por que sonhamos, devemos ter conhecimento da estrutura da mente humana ou da psique.

A teoria do inconsciente coletivo e a dos arquétipos, em geral criticadas e desacreditadas, ainda permanecem como uma das explicações mais viáveis e lúcidas para os mistérios da mente. Seus conceitos de libido, do processo de individualização e suas teorias são muito felizes para a interpretação dos sonhos e, ultimamente, na integração da personalidade.

Mas o próprio Jung patinou no pensamento de uma teoria estereotipada e rígida de interpretação de sonhos. Ele reiterava obstinadamente a concepção dessa teoria. Não havia também significado fixo para os símbolos do inconsciente, que sempre dependem dos sonhos e, em particular, do sonhador. Esse enfoque é aqui corroborado por nós. Portanto, neste guia, embora a interpretação de sonhos seja conduzida por diferentes linhas psicológicas, será dada ênfase especial a cada sonhador individual e ao ambiente ao seu redor.

Por que dormimos?

> "A morte, assim chamada, é algo que faz o homem chorar. E mesmo assim, um terço da vida do homem é passada a dormir."
>
> **Lord Byron, Don Juan**

Toda vez que vamos dormir, com raras exceções, nos tornamos "mortos para o mundo" por um período de tempo que costuma ser de, aproximadamente, oito horas. Algumas pessoas passam consideravelmente menos tempo dormindo, enquanto outros passam mais. Recém-nascidos, por exemplo, dormem entre 17 e 18 horas por dia. Adolescentes dormem entre 10 e 11 horas em um período de 24 horas, e jovens adultos, cerca de 8 horas diárias. Pessoas idosas dificilmente dormem mais de 6 horas em uma noite. Isso parece indicar que quanto mais velhos ficamos, precisamos de menos horas de sono, mas ainda, em geral, passamos cerca de um terço de nossas vidas dormindo.

Ciclo circadiano

Uma quantidade de informação enorme vem sendo conduzida por todo o mundo em um fenômeno que chamamos de sono. Algumas descobertas extraordinárias têm sido feitas sobre essa nossa vida secreta noturna, mas a pergunta mais intrigante ainda permanece sem resposta: *Por que ficamos progressivamente entorpecidos todas as noites, nossos corpos tornam-se desajeitados e inoperantes e nossas mentes tornam-se "vazias" por muitas horas?* Essa letargia misteriosa que o sono provoca não é exclusiva dos seres humanos, afetando praticamente todo ser vivo na natureza.

Toda planta também parece seguir um ciclo que inclui o sono. Algumas flores fecham suas pétalas à noite e as abrem novamente pela manhã, como se estivessem conscientes da transição entre o dia e a noite. Cientistas chamam este processo de ciclos circadianos, que são flutuações diárias que abrangem um período de 24 horas.

Presume-se que esses ciclos estejam presentes em todas as células vivas. Desse modo, toda a natureza está engajada em um único círculo. Exemplos desse fenômeno são as ondas do mar, o nascer e o pôr do sol, as quatro estações, o acasalamento dos animais, o período de ovulação de uma mulher e a gestação de mamíferos.

Também acredita-se que o sono seja controlado pelo ciclo circadiano, ou seja, que dormimos por causa do "relógio" interno de nosso cérebro, que dá o sinal para parar a atividade diária e repousar por certo período de tempo. Essa sessão de atividades costuma ocorrer à noite quando nossos corpos estão menos funcionais. Nossas mentes estão menos receptivas ao aprendizado, nossa temperatura corporal mais baixa, nossos reflexos menos rápidos, em resumo, estamos na "baixa maré" de nossos mecanismos físicos e mentais.

Jet lag

Quando alteramos nosso hábito de dormir e perdemos algumas horas de sono, o corpo reage com sensação de fadiga, nervosismo e irritabilidade. Cientistas acreditam que isso ocorre devido a um período de "mudança de fase" de nosso ritmo cardíaco.

Jet lag é um exemplo típico dessa mudança de fase. Se voarmos da Califórnia para Nova York, provavelmente teremos problemas para dormir na primeira noite porque nosso corpo ainda está "funcionando" no horário do Pacífico, cujo fuso horário é de menos três horas que o padrão ocidental, que funciona em Nova York. E mesmo que pudéssemos dormir oito horas, nosso corpo não se adaptaria às mudanças porque nosso relógio interno diria que ainda são cinco da manhã.

Depois de alguns dias em Nova York, nosso corpo teria se adaptado à mudança do horário. Quando então voltássemos para a Costa Oeste, nos encontraríamos três horas adiante do horário do Pacífico, e mais uma vez precisaríamos de alguns dias para a adaptação. Um período de mudança de fase não significa, portanto, que perdemos o sono, mas que nosso relógio corporal está em descompasso com o "tempo do relógio".

O que acontece quando não dormimos?

A privação de sono, em que uma pessoa deixa de dormir por mais de uma noite, tende a afetar o organismo, prejudicando várias habilidades do corpo. Após três noites sem dormir, a pessoa geralmente começa a reclamar de coceira nos olhos e começa a enxergar em duplicidade. Ela não consegue contar além de 15, não consegue concentrar-se em um mesmo assunto por mais de alguns minutos e começa a perder o equilíbrio. Sente-se confusa e começa a ouvir um zumbido no ouvido. Em alguns casos, se a falta de sono continuar, a pessoa começa a desenvolver sintomas de paranoia.

Em 1959, um DJ de Nova York, chamado Peter Tripp, decidiu passar 200 horas acordado para angariar fundos para a *March of Dimes*[1]. No início da maratona, ele estava de bom humor e fazia um relato diário em um programa de rádio. No entanto, ao fim das 200 horas, seu discurso era inarticulado e incoerente, e pouco tempo depois seu comportamento tornou-se desajustado e paranoico.

Essas manifestações psíquicas começaram a aparecer no período da noite, quando Tripp se persuadiu de que inimigos desconhecidos estavam tentando colocar drogas em sua comida, para forçá-lo a dormir. A mania de perseguição foi acompanhada por alucinações auditivas, porém conseguiu completar a maratona e pouco depois se recuperou dos sintomas de paranoia. O único tratamento do qual ele precisou foi uma dose saudável de sono.

A necessidade de sono

Após a experiência de Tripp, muitos pesquisadores dedicaram tempo e esforço consideráveis para estudar os efeitos da falta de sono no corpo humano e, especificamente, na mente humana. Com raras exceções, eles concluíram que a privação de sono é prejudicial à perfeita harmonia interior do homem. Até animais mostram efeitos negativos na ausência de sono, e filhotes, como os gatinhos, morreriam se não pudessem dormir por alguns dias.

As pessoas que supostamente não sentem os efeitos da ausência de sono são provavelmente inconscientes da existência de seus períodos curtos, como o microssono. Isso significa que uma pessoa pode "cochilar" por alguns segundos sem perceber. Esses curtos períodos de tempo podem se repetir ininterruptamente durante a noite, provendo ao indivíduo sono suficiente para funcionar normalmente.

---

1 Organização norte-americana sem fins lucrativos que tem como objetivo cuidar da saúde de crianças com problemas de desenvolvimento (N. T.).

Por que precisamos dormir?

Sabemos então que a falta de sono é prejudicial para o corpo e a mente. Em outras palavras, precisamos dormir, mas *por quê?* Experimentos da Nasa mostraram que aliviar a fadiga do corpo não é exatamente a função do sono. Por outro lado, estudos provaram que um isolamento prolongado diminui a necessidade de dormir de um indivíduo. Isso poderia indicar uma interação individual menor com outras pessoas e um estímulo interior menor que resultaria em falta de sono.

Os centros de controle do sono estão localizados no tronco cerebral, que é uma área do tamanho de um dedo mindinho na base do cérebro. Cientistas acreditam que o tronco cerebral contém um sistema cuja atividade estimula a falta de sono, enquanto a inatividade leva ao sono.

O Prêmio Nobel russo Ivan Pavlov, um neurocientista, acreditava que o estado natural do cérebro é a vigília. Em outras palavras, o cérebro está sempre acordado e ativo e essa atividade apenas pode ser interrompida pela restauração e recuperação do corpo.

Durante o sono, o corpo funciona em um nível muito baixo, enfatizando o importante papel desempenhado pelo cérebro em mantê-lo acordado. Esse papel é drasticamente enfatizado pelas desordens do sono como a apneia ou a narcolepsia, em que a pessoa dorme a cada cinco minutos, não importando o momento nem o local onde esteja. As pessoas que sofrem dessa doença trágica nunca podem ter a esperança de levar uma vida completamente normal, até que a ciência encontre a causa e a cura para esses distúrbios.

Se a teoria de Pavlov estiver correta como os cientistas parecem acreditar e o estado natural do cérebro for a vigília, não sendo o restante a função específica do sono, por que então dormimos, principalmente se considerarmos que o cérebro funciona em nível mais baixo durante o sono?

A natureza é absolutamente lógica e simples em seu processo evolucionista. Quase nunca comete erros e quando os comete, dificilmente são de importância maior. Além disso, a evolução de um organismo tão complexo como o homem, com um dispositivo de tempo completamente desnecessário, funcionando, parece inconcebível.

A ação de dormir é o resultado de se deitar e relaxar o corpo. Após ter se passado algum tempo, o batimento do coração e o ritmo da respiração diminuirão e a temperatura corporal cairá para níveis menores que os normais. Se o indivíduo continuar deitado sem se mover, pegará no sono. Mas nunca saberá exatamente quando, porque mesmo com a ajuda de um eletroencefalograma é impossível determinar a hora exata em que uma pessoa começa a dormir. O que tipifica o começo do sono é a falta de consciência. Nós dormimos na hora exata em que um estímulo externo, como um barulho, falha em nos evocar uma resposta.

REM e NREM

Cientistas descobriram que há dois tipos de sono, chamados sono REM (movimento rápido do olho) e NREM, ou seja, "não REM". O estado não REM é o primeiro período do sono durante a noite. É comumente chamado de sono quieto porque é caracterizado por uma respiração regular, tranquila, pela falta de movimentos do corpo e pela atividade decrescente do cérebro. A pessoa que está dormindo simplesmente perdeu contato com o ambiente durante sua letargia cerebral. Nessa etapa, para de receber informações por meio de seus cinco sentidos e não está mais reagindo a seu próprio ambiente. O corpo é capaz de se mover durante esse estágio, mas não o faz porque o cérebro não o instrui a isso.

Há vários períodos NREM durante a noite, o primeiro dura aproximadamente 80 minutos e é imediatamente seguido pelo primeiro período REM que dura cerca de 10 minutos.

O período REM é caracterizado por pequenas contrações das mãos e dos músculos faciais. Se o indivíduo está roncando, sua respiração se torna irregular e difícil. O corpo fica completamente paralisado e ele fica incapaz de mover os braços, as pernas ou o tronco. A pressão sanguínea e a velocidade dos batimentos cardíacos aumentam durante esse período, como se a pessoa estivesse correndo um percurso com obstáculos. Os olhos começam a se mover rapidamente de um lado a outro, como se estivessem olhando para um objeto com as pálpebras fechadas.

Pesquisadores afirmam que se uma pessoa no estágio REM for acordada, inevitavelmente dirá que estava sonhando. Por isso, esse período do sono é identificado com o estágio de sonho nos seres humanos. Embora o mesmo fenômeno seja notado nos animais, cientistas acreditam que os humanos não sejam os únicos que sonham.

Durante toda a noite, os estágios de sonho NREM e REM se alternam. O ciclo varia de 70 a 110 minutos, mas a média é de 90 minutos.

No início do sono, os períodos NREM são longos, mas à medida que a noite avança, o período REM aumenta, algumas vezes durando mais tempo, ou até mesmo uma hora. No entanto, em geral, nós podemos dizer que sonhamos aproximadamente a cada 90 minutos, ou seja, sonhamos apenas duas horas a cada oito horas de sono.

Necessidade de sono REM

Pesquisas sobre o sono avançado revelou que o sono REM é necessário para o ser humano. Indivíduos voluntários observados em laboratórios reagiram negativamente quando não puderam completar nenhum dos períodos REM. Tornaram-se nervosos, irritados e desajustados em seu comportamento, dormindo mal e de maneira desconfortável.

Portanto, dormir é necessário, particularmente a fase de sono que está relacionada ao sonho. Muitos cientistas acreditam que a única razão pela qual sonhamos é que podemos sonhar.

Bebês que dormem entre 16 e 18 horas por dia gastam mais de 50% desse tempo no estágio REM. Isso significa que dormem durante todo esse tempo? Se sim, e daí? Nossa mente consciente poderia liberar da mente do inconsciente coletivo informações o bastante para preparar cada bebê para sua nova vida?

E o restante de nós? Por que sonhamos?

Talvez sonhemos pelo fato de nossa mente inconsciente ter acumulado informação suficiente para emaranhar e absorver os problemas e acontecimentos de cada dia, incorporando-os ao sistema do inconsciente coletivo quase perfeito.

O sonho pode ser a forma de a mente inconsciente lidar com os fatos, ajudando o indivíduo a interagir satisfatoriamente com seu ambiente. Talvez alguns sonhos tragam à tona os problemas momentâneos do sonhador e ele precise de recursos do chamado inconsciente coletivo, experiências cumulativas da humanidade que todos dividimos nesse nível.

Por essa razão, a privação de sono, particularmente de sono REM, é prejudicial à saúde e ao bem-estar do indivíduo. De forma significativa, uma das primeiras indicações da doença mental é um acentuado distúrbio dos padrões de sono da pessoa.

Mas o que é um sonho? O que o causa e como ele é produzido? E, o mais importante, o que ele significa para nós em nossas vidas diárias?

O que é um sonho?

―――――§◉◇◉§―――――

"Tudo o que temos ou parecemos é na verdade um sonho num sonho."
Edgar Allan Poe, Um sonho num sonho

Na época de Freud, acreditava-se que os sonhos eram "guardiões do sono". Alguém dormia justamente para não acordar. Qualquer que fosse o incômodo ao redor da pessoa que dormia, o cérebro "fabricava" um sonho que impediria o indivíduo de ser acordado. O próprio Freud sentia que os sonhos se materializavam em meio ao barulho ou por estímulos exteriores, para se criar uma história que protegeria o sono da pessoa.

Por muitos anos essa teoria persistiu e, mesmo após a descoberta do sono REM, eventos como um gotejamento de torneira, o som de uma sirene ou um despertador, a necessidade de urinar e estômago cheio eram considerados os primeiros suspeitos a influenciar ou prejudicar o início do sono REM.

Mas essa teoria foi desmentida porque experimentos de laboratório mostraram que o sono REM e, consequentemente, o sonho, é determinado por um processo bioquímico que é circadiano (cíclico) na natureza e não causado por influências externas.

Um sonho pode incorporar um estímulo incômodo em seu enredo, mas não pode ser iniciado por ele. Em outras palavras, sonhos não são ocorrências espontâneas, e sim muito bem planejadas.

As coisas de que são feitos os sonhos

A experiência do sonho pode variar amplamente de acordo com o indivíduo que está sonhando. Para alguns, a ação de sonhar segue uma sequência lógica, enquanto para outros, sonhos são ilógicos e irracionais.

Alguns têm sonhos simbólicos e abstratos, enquanto para outros eles são tão realistas quanto a própria vida. Alguns sonhos podem ser intensamente realistas, enquanto outros são tão fantásticos que, em seu curso, as pessoas sentem que estão sonhando.

Podem ser por vezes difíceis e excitantes, criativos ou destrutivos, aterrorizantes ou incríveis. Alguns superam nossos desejos, enquanto outros nos frustram. Um sonho pode nos deprimir a ponto de nos levar às lágrimas, sejam elas de esperança ou de inspiração. Há situações em que eles parecem nos controlar e, em outras, nós os controlamos.

Algumas pessoas podem sonhar com um desejo, algumas podem voltar ao sonho que tiveram na noite anterior. Mas não importa do que sejam feitos, o importante é que eles parecem reais para o cérebro.

Jung acreditava que a mente inconsciente é a "matriz" dos sonhos e que por isso eles são o expoente da psique humana. Considerava também que eles carregam uma bagagem de material necessário para a investigação coerente da psique e que a ampla interpretação, depois de algum tempo, revelaria a programação completa da mente de um indivíduo.

Ao contrário de Freud, acreditava também que as sensações orgânicas exteriores não ocasionavam o sonho. Essa visão seria confirmada muitos anos depois em laboratórios, como vimos anteriormente. Apesar disso, Jung sentia que os sonhos eram os resíduos de uma atividade particular da psique.

A teoria do sonho de Freud

As teorias de Freud sobre sonhos foram a base para muito da pesquisa que seria posteriormente conduzida sobre o assunto, por pesquisadores como Jung. Algumas das ideias de Freud foram refutadas, mas outras permanecem no centro das teorias modernas.

O foco da teoria freudiana sobre sonhos era o tema desejo-realização. De acordo com ele, sonhos são essencialmente o resultado de desejos reprimidos que aparecem na superfície de nossa consciência quando estamos adormecidos. Esses desejos, inaceitáveis para a personalidade consciente, são satisfeitos durante os sonhos, mas apenas de maneira simbólica. São tão bem disfarçados que não temos condição de identificar a maior parte deles quando estamos acordados.

A atividade mental responsável pela distorção das imagens foi primeiro chamada de censor por Freud e depois, de Superego. A ideia por trás do sonho distorcido é impedir a pessoa de acordar, por meio da expressão de um desejo reprimido em termos velados.

Freud acreditava que a mente trabalha de duas maneiras totalmente opostas: a primeira, que ele chamava de processo primário, é caracterizada pelo simbolismo, pela ignorância dos conceitos de tempo e espaço e pelas alucinações de realização de desejos. A segunda, conhecida como processo secundário, é governada pela razão e pela lógica, observação de tempo e espaço e aprendizado do comportamento adaptável. O processo primário pode ser exemplificado pelo estado de sonho, e o processo secundário, pelo pensamento consciente.

Ainda, para ele, o estado de sonho ou primeiro processo precede o estado consciente, ou processo secundário, e esse último, tal qual o desenvolvimento do Ego ou a aquisição do aparato de pensamento, depende amplamente da repressão dos sonhos e de alucinações que são parte do processo primário. Em outras palavras, sonhamos antes de pensar.

Essa teoria foi, portanto, sua maior contribuição para o entendimento dos sonhos.

Para Freud, os sonhos têm dois tipos de conjuntos de conteúdo. O conteúdo latente é a verdadeira mensagem do sonho, que o inconsciente está tentando passar para a personalidade consciente. O segundo é conhecido como conteúdo manifesto e representa o sonho do qual o sonhador se recorda. Em outras palavras, o conteúdo latente do sonho é traduzido em imagens simbólicas que são conhecidas como conteúdo manifesto. Mais uma vez, o propósito dessas máscaras é impedir o sonhador de acordar.

O método de análise de sonhos de Freud

A melhor forma, de acordo com Freud, de decifrar o emaranhado simbolismo dos sonhos é captar a primeira ideia que ocorre para o sonhador quando ele pensa no sonho e, então, segui-la até onde possa encontrar um bloqueio mental.

A ideia por trás dessa teoria é que as associações com os vários detalhes dos sonhos poderão eventualmente revelar um tema recorrente, que será a mensagem do inconsciente ou seu conteúdo latente. O sistema de elucidação de sonhos era chamado por Freud de **associação livre**.

Jung também utiliza a associação livre nas suas interpretações, mas ele não compartilha com Freud a crença de que *todos* os sonhos são resultado da satisfação de desejos. Ele concorda que alguns são a representação dessa satisfação, mas não todos.

A teoria do sonho de Jung

Para Jung, nossas vidas se dão em meio a esforços com o objetivo de satisfazer nossos desejos. Se não podemos transformar a realidade, o fazemos em um sonho, uma fantasia. O uso das associações livres ocorre quando tentamos descobrir a experiência ou as experiências que causaram o sonho ou a fantasia. Jung chamou essa utilização livre de **amplificação**.

Algumas pessoas consideram inútil ter sonhos que não somos capazes de entender. No entanto, estranhamente, não é verdade. Podemos tirar proveito dos benefícios de cada um ainda que não sejamos capazes de entendê-los. Isso ocorre porque o inconsciente recorre a uma linguagem diferente da usada pela mente consciente e ela costuma oferecer um ponto de vista totalmente diferente. Essa enorme quantidade de ajuste psicológico é uma "compensação" absolutamente necessária para o equilíbrio adequado e inconsciente das ações.

Quando estamos acordados, refletimos sobre nossos problemas com todo cuidado, mas logo vamos dormir com nossos problemas não resolvidos. A mente inconsciente continua nossa exploração em nível mais profundo. É possível alcançar aspectos dos problemas que ignoramos ou mesmo não conhecemos. Por meio da simbologia dos sonhos, o inconsciente nos ajuda a lidar com nossos problemas, mesmo em instâncias nas quais eles não podem ser imediatamente resolvidos.

Despertamos do sonho com um senso de equilíbrio, com o sentimento de que podemos e conseguiremos superar os problemas. Essa é a razão pela qual algumas pessoas gostam de "dormir pensando em problemas"; mas é fato que todos se sentem como novos após uma boa noite de sono, pois simplesmente dormimos e as preocupações ficam longe.

Ouvindo nossos sonhos

Por mais que seja verdade não precisar entender os sonhos para nos beneficiarmos deles, é também verdade que podemos potencializar seus efeitos consideravelmente, se formos capazes de entendê-los. Isso é em geral necessário devido à "voz do inconsciente", facilmente ignorada e quase nunca escutada.

Para que possamos entender a voz do inconsciente, devemos nos familiarizar com a linguagem expressa que é muito simbólica. O simbolismo dos sonhos pode ser interpretado de um ponto de vista causal ou finalista.

Simbolismo dos sonhos

O ponto de vista causal, concebido por Freud, começa com o desejo ou a súplica – que é um sonho-desejo reprimido. Essa súplica é sempre algo que parece ser comparativamente simples, que pode se esconder de inúmeras formas.

Por exemplo, um impulso sexual reprimido pode se expressar em um sonho ao se colocar uma chave em um cadeado para abrir uma porta, ao voar pelo ar ou dançar.

Para um freudiano típico, todos os objetos alongados e retangulares presentes nos sonhos são símbolos fálicos, enquanto objetos redondos ou côncavos são símbolos femininos.

Em outras palavras, o ponto de vista causal atribui um sentido fixo a cada símbolo, não importa quem seja o sonhador.

Simbolismo específico individual

É o significado específico para cada imagem. Esses significados variam não apenas entre os sonhadores individuais, mas também entre sonhadores diferentes. Nesse sistema, sonhar com uma porta aberta significa algo totalmente diferente de sonhar com alguém voando pelo ar.

Quais desses dois pontos de vista usamos quando interpretamos um sonho? De acordo com Jung, deveríamos usar ambos.

O ponto de vista causal atribui um significado fixo para um símbolo específico e para o inconsciente coletivo. Isso quer dizer que cada símbolo tem um significado específico para cada ser humano.

O ponto de vista final fornece um segundo significado para o mesmo símbolo, significado este que cada "sonhador" atribui a cada imagem. Esse é o aspecto personalizado do sonho, e o que o torna individual.

Jung desenvolveu a interessante teoria em que a linguagem figurada e abstrata dos sonhos, que é similar ao uso de parábolas bíblicas e do simbolismo de linguagens primitivas, poderia ser a sobrevivência de um modo arcaico de pensamento usado pelos homens no período pré-histórico.

Sonhos costumam se opor a nossos planos conscientes, porém isso nem sempre é de fato notável. Algumas vezes, é um desvio sutil, mas ocasionalmente coincide com o plano consciente. Esse comportamento do sonho é chamado por Jung de **compensação** e significa o equilíbrio e a composição de dados e pontos de vista diferentes com o objetivo de produzir ajustes e retificações entre os aspectos conscientes e inconscientes da personalidade.

A interpretação dos sonhos

Embora a atitude consciente de uma pessoa possa ser conhecida, a atitude inconsciente, não. Isso pode ser constatado pela interpretação dos sonhos.

Um desequilíbrio entre o consciente e o inconsciente pode ser muito perigoso para o indivíduo, assim como o inconsciente é capaz de destruir uma personalidade se deixado à mercê de seus próprios artifícios. A interpretação e o entendimento correto dos sonhos podem ajudar a revelar qualquer lacuna perigosa entre a consciência e o inconsciente, a tempo de afetar a harmonia entre ambos.

Jung identificou alguns tipos de sonhos. O sonho **compensatório**, que já foi examinado, adiciona todos os elementos do dia anterior à mente consciente, estejam eles ignorados seja pela repressão, seja por serem inexpressivos demais para alcançar a consciência. De certa forma, esses sonhos agem como um autorregulador da psique.

Sonhos de premonição

O sonho **prospectivo** é uma antecipação das conquistas ou dos acontecimentos futuros, uma forma de projeto avançado da vida do indivíduo. Seus conteúdos simbólicos podem destacar as soluções para conflitos que estão a caminho e preparar o sonhador para ocorrências futuras que se encontram a caminho.

Embora o prospectivo seja comumente chamado de profético, Jung nos diz que na maioria dos casos eles são meramente uma combinação antecipada das probabilidades que podem coincidir com o atual desenvolvimento das coisas.

Isso não é surpreendente porque um sonho é o resultado da fusão de elementos reprimidos, por isso a combinação de todos esses sentimentos, pensamentos e ideias que não foram registradas pela consciência. Em outras palavras, sonhos revelam coisas que não sabemos, por isso levam vantagem no que diz respeito a prevenir o resultado das coisas.

Sonhos telepáticos

Embora afirmasse que a maioria dos sonhos proféticos são prospectivos e naturalmente explicáveis, Jung também acreditava que há muitos que são realmente telepáticos, e nenhuma tese pode mudar essa verdade. Algumas pessoas parecem ter essa habilidade e costumam utilizá-la para ter sonhos telepaticamente influenciáveis.

Jung não tentou propor uma teoria desse fenômeno, mas acreditava que a maioria dos sonhos telepáticos é afetada por poderosas emoções humanas como amor ou luto. Dessa maneira, os mais telepáticos predizem a morte, a chegada de alguém amado ou qualquer acontecimento que afetará o sonhador profundamente.

Pesadelos

Os **pesadelos**, que assombram tanto os sonhos, são, na verdade, sonhos compensatórios de significado vital para a consciência porque frequentemente avisam o indivíduo de que suas ações conscientes o estão ameaçando.

Invariavelmente, temos pesadelos se comemos em excesso ou superfavorecemos nossos sentidos. Também temos sonhos ruins quando fazemos algo repreensível ou socialmente inaceitável. É nossa forma inconsciente de dizer que estamos colocando nosso equilíbrio físico e mental em perigo. Se persistimos em cometer ações negativas, os pesadelos podem se tornar piores e o inconsciente tentará encontrar uma forma de corrigir o comportamento ou destruí-lo, assim como a personalidade.

Outros sonhos desagradáveis

Sonhos **depreciativos** ou negativos são aqueles que põem o sonhador para baixo. As pessoas que os têm em geral possuem uma autoimagem elevada e constantemente se deixam impressionar pela opinião dos outros. A mente inconsciente tem muito espaço para "fabricar" imagens indesejáveis.

Jung costumava dizer que recordava com gosto dos sonhos de um de seus pacientes, um aristocrata pedante com enorme autoestima que ansiava por dormir apenas para sonhar com megeras sujas e desbocadas e prostitutas bêbadas.

Sonhos **reativos** reproduzem experiências que tivemos. Eles costumam ser causados por experiências traumáticas e tendem a se repetir até que o estímulo traumático tenha terminado. Quando é reconhecido por técnicas de interpretação, ele para sistematicamente de acontecer.

Sonhos **recorrentes** ocorrem em particular em jovens, embora possam aparecer nos anos posteriores. Além disso, podem ser muito desagradáveis porque em geral nos deixam com a impressão de que têm um significado especial.

De acordo com Jung, tal sentimento é normalmente correto porque geralmente esse tipo de sonho é causado por um distúrbio físico. A identificação de seu conteúdo latente costuma marcar o fim de sua ocorrência.

Os sonhos incomuns

A maioria dos sonhos, no entanto, pode ser tão somente dividida em dois grupos, denominados "pequenos" ou "grandes". Os pequenos são bem comuns e a maioria, do tipo compensatório. São fáceis de identificar e igualmente simples de esquecer.

Os grandes sonhos, por outro lado, nunca são esquecidos e contêm imagens simbólicas de arquétipos ou natureza mitológica. Figuras à imagem de Deus, princesas, dragões, castelos, cobras, imagens do velho sábio ou Cristo são típicas desse tipo de sonho. Essas figuras vêm do inconsciente coletivo e costumam transmitir importantes mensagens para o sonhador.

Esse tipo de sonho ocorre em fases críticas da vida, e nós todos temos ao menos um deles. É o tipo de sonho que nos faz afirmar: "Eu não esquecerei de que sonharei enquanto viver." E comumente não esquecemos.

Símbolos comuns

Há alguns símbolos recorrentes em sonhos diários entre os quais estão os sonhos de voar, subir montanhas, cair, com hotéis, trens, casamentos e com a própria nudez. São conhecidos como "motivadores de sonhos" e embasam a teoria de que há um significado fixo para seus símbolos. Esses temas se tornam particularmente significativos se ocorrem em uma série de sonhos de natureza recorrente.

Interpretação de sonhos

Mas, e o método usado para interpretar essa enorme variedade de sonhos? Jung não formulou um simples sistema de interpretação, mas deu várias sugestões importantes

01. Uma delas é ter a certeza de que cada sombra de detalhe que o sonho apresenta é determinada por associações feitas pelo próprio sonhador. Isso quer dizer que cada indivíduo que queira decifrar seus próprios sonhos deve tentar encontrar significados para cada detalhe, escrevendo a primeira coisa que lhe vem à cabeça por alguma razão em particular. Isso deveria vir seguido da maior lista de associações possíveis para cada símbolo. Deveria revelar também o significado pessoal que cada símbolo possui para o sonhador. Esse procedimento foi chamado por Jung de "assumir o contexto".

02. O significado ocasional ou fixo de cada símbolo também deve ser levado em consideração, e um dicionário de sonhos pode ser eficaz para esse propósito, já que se atém ao significado tradicional.

03. Por último, e talvez a mais interessante das sugestões de Jung, o sonhador deveria voltar ao passado e reconstruir experiências antigas do aparecimento de certos símbolos. Isso poderia revelar que tipo de acontecimento nos seria sugerido após sonharmos com determinado tema.

Se combinarmos esses três métodos, provavelmente seremos capazes de interpretar nossos sonhos com relativa facilidade. No processo, aprenderemos muito sobre nossas atitudes inconscientes e criaremos uma poderosa harmonia entre a consciência e os aspectos inconscientes de nossa personalidade.

A simbologia dos sonhos

"E não é questionar, mas a mente funciona na profundidade sombria do sonho."
Owen Feltham, Dos sonhos

Já dissemos que há dois significados para o sonho, o **latente** e o **manifesto**. O significado latente é a mensagem que o inconsciente tenta transmitir para a personalidade consciente. Ela vem da profundeza da mente subconsciente e pode ser traduzida em imagens simbólicas, que são apresentadas pela consciência em forma de sonho e acabam sendo o significado manifesto deles.

Por que sonhamos por meio de símbolos?

Por que nosso inconsciente usa símbolos para transmitir mensagens para nossa personalidade consciente? Freud acreditava que era para impedir o sonhador de acordar, o que não é corroborado por muitos psicólogos e especialistas em sonhos, que acreditam que a razão pela qual sonhamos é que a linguagem do inconsciente é a simbologia.

Em outras palavras: nós pensamos e até sentimos por meio de símbolos. O motivo para esse fenômeno é que enquanto estamos acordados somos constantemente bombardeados por imagens visuais, muitas das quais são registradas por nossos olhos e nossa mente inconsciente, mas não por nossa consciência atenta.

Mais uma vez, essas imagens, mesmo aquelas que reconhecemos conscientemente, não são acompanhadas por sons ou explicações de sua existência. Ao contrário, são simplesmente guardadas e gravadas na nossa mente profunda e rapidamente esquecidas por nossa mente consciente. Algumas ressurgem durante nossos sonhos, em conexão com problemas específicos ou pensamentos que tivemos ao mesmo tempo em que vimos aquela coisa em particular. Para nossa mente inconsciente aquela imagem visual se torna símbolo de um problema ou pensamento com o qual estávamos envolvidos no momento. É interessante notar que, nesse contexto, pessoas cegas têm sonhos nos quais faltam imagens visuais.

Dessa perspectiva, é fácil entender que a maioria dos psicólogos concluiu que muitos dos símbolos que aparecem nos sonhos estão diretamente relacionados a imagens visuais vistas pelo sonhador em uma ou outra situação, mais provavelmente no dia anterior. Isso tenderia a tornar a interpretação do sonho mais difícil sem o conhecimento das circunstâncias ao redor de cada sonhador especificamente.

De qualquer modo, ainda há outro conjunto de símbolos recorrentes nos sonhos de todos nós, independentemente das imagens que vemos durante o dia. Esses são chamados por Jung de temas e tendem a embasar a teoria de que há significados fixos para alguns dos símbolos que são parte do inconsciente coletivo.

Como citado anteriormente, alguns dos temas mais comuns são quedas, voos, subir de um degrau a outro, escalar montanhas, andar de trem, ônibus ou carro. Sonhos com morte ou com os mortos, casamentos, barcos, dentes, nudez ou que estamos nadando ou nos afogando são ainda bastante comuns. Todos nós sonhamos com todos ou quase todos esses temas e, em praticamente todos os casos, o significado tende a ser o mesmo. Claro, devemos analisar cada sonho no contexto da vida pessoal de cada sonhador. Mas sonhos com tais temas tendem a ter o mesmo significado para os membros de todas as sociedades civilizadas. Isso implicaria inserir esses símbolos, em particular, no reino do inconsciente coletivo, que, como vimos, é lugar comum em todas as mentes humanas. Esses temas são objeto de dicionários de sonhos, incluindo o que se apresenta aqui.

Cores e números nos sonhos

Embora nossa vida desperta seja cheia de cores vivas, nem todos os sonhos têm cores. É verdade que algumas pessoas parecem sempre sonhar em cores, mas são a minoria. Pesquisadores renomados concluíram por intermédio de muitos estudos que a maioria das pessoas tem mais sonhos em preto e branco que em cores vibrantes. Na verdade, a expressão "preto e branco" é enganosa, porque sonhos sem cores quase nunca mostram distinções entre as nuances. Eles costumam apresentar tons pardos que pertencem às mais escuras variações de cinza e marrom.

Calvin Hall, talvez a maior autoridade moderna em sonhos, analisou milhares deles durante suas pesquisas e concluiu que apenas 20% dos analisados eram "em cores".

Dr. Fred Snyder, pioneiro no estudo dos sonhos, concluiu que a cor mais recorrente neles era o verde, seguido de perto pelo vermelho, que fica em segundo lugar. Amarelo e azul eram quase tão comuns quanto o verde.

Dra. Patricia Garfield, outra especialista no assunto, procedeu a uma análise especial de seus próprios sonhos e descobriu que as cores apareciam mais frequentemente após algumas horas de sono. Concluiu ainda que deve haver alguma base química relacionada à presença de cores e que talvez o córtex cerebral seja mais estimulado quando o corpo está descansando por algum tempo.

A teoria de cores de Cayce

Edgar Cayce, famoso "profeta do sono", acreditava que algumas cores eram usadas para sublinhar certas condições em nossas vidas com o objetivo de aumentar nossa consciência. Para Cayce, cores brilhantes e claras são indicativas de tendências ou aspectos positivos, enquanto cores fechadas e sombrias estão associadas à negatividade. Uma combinação de verde e azul em um contexto pacífico poderia ser uma indicação de cura do corpo e da alma, enquanto verdes intensos e marrom-escuros poderiam mostrar uma perspectiva pessimista para qualquer situação envolvida em um sonho.

De acordo com Cayce, gostos pessoais afetam nas cores. Por exemplo, caso sua cor preferida seja o verde, isso significa que você está recebendo uma mensagem otimista sobre a situação que o sonho está descrevendo, em particular. Por outro lado, se você detesta determinada cor e ela aparece, isso indica sentimentos extremamente negativos sobre o assunto com o qual você está sonhando.

Significado das cores

Em geral, as cores nos sonhos transmitem as seguintes mensagens:

- *Preto* – a cor da morte, indica depressão e mau humor do sonhador.
- *Azul* – energia espiritual e ideais altos, fidelidade, intelecto positivo, o celestial, além das mais altas aspirações da alma. Azul profundo significa intuição e entendimento.

- *Marrom* – cor da terra, costuma significar sensações e, às vezes, desintegração.
- *Dourado* – a cor do sol, significa a mente consciente e a verdade. Indica também o princípio masculino.
- *Verde* – vitalidade, cura, crescimento, esperança e o próprio princípio da vida; um verde amarronzado indica ciúme, fraqueza ou inexperiência.
- *Laranja* – saúde, energia, poderes ocultos, poder da mente, mensagens.
- *Rosa* – emoções, prazeres, amor, ilusão.
- *Lilás ou violeta* – poder vital, a cor da lua e por isso intuição, talvez viagens ou notícias.
- *Vermelho* – força vital, paixão sexual, luz, iluminação, símbolo da lua e ainda o princípio do feminino.
- *Amarelo* – luz do sol, mente, intuição, energia pura, felicidade a caminho, boas prespectivas financeiras; um amarelo turvo indica covardia e, às vezes, morte.

Naturalmente, o tipo de objeto que vemos envolto por uma cor específica em um sonho é tão importante quanto suas nuances, e temos que levar ambos os significados em consideração antes de chegar a uma interpretação razoavelmente precisa.

Simbologia numérica

Números também são absolutamente importantes para as interpretações e têm sido tema de inúmeras pesquisas realizadas por psicólogos.

Para Jung, por exemplo, os números antedatavam os homens e, de fato, foram descobertos e não inventados pela raça humana. Ele foi além e afirmou que "seria um feito audacioso se, acima de tudo, definíssemos os números psicologicamente como o arquétipo da ordem que se tornou consciente". Isso significa que o inconsciente usa os números como fatores de ordem no universo. Em outras palavras, cada número tem um significado específico para a mente inconsciente; um significado que é igual para cada membro da raça humana.

Algumas linguagens antigas foram estruturadas sob a mesma crença. A linguagem hebraica, por exemplo, ainda se encontra em uso, com os mesmos caracteres para números e letras. Cada letra hebraica, assim como cada número, representa um estado cósmico e tem um significado específico.

Na Era Moderna, cada número, de 0 a 9, também recebeu um significado especial. Quando o número é maior que 9, seus dígitos são adicionados até que o número seja reduzido a apenas um dígito, não maior que 9. Isso é feito porque há apenas dez algarismos, que vão de 0 a 9, cada um indicando um estado mental. Quando o número composto parece muito significativo, em vez de reduzi-lo a um dígito, é muito mais interessante olhar para cada algarismo que o compõe e encontrar o significado que eles têm. Então é possível aplicar o significado deles ao problema apresentado no sonho e encontrar o direcionamento interior para uma solução possível.

Porém, há outra instância na qual números compostos maiores devem ser reduzidos a apenas um dígito ou até analisados em termos de algarismos individuais. Se esse número aparece como significante em um "sonho complexo", terá então um significado simbólico próprio – que pode ser revelado em um flash intuitivo, por meio de meditação ou pelo entendimento da **gematria**.

A gematria, parte da cabala judaica, reconhece certos números como tendo significados arquetípicos, o que pode ser explorado por meio de correspondências estabelecidas ou associações de palavras de significados parecidos. Valiosa referência a esse sistema é a *Enciclopédia cabalista* de Godwin, publicada pela Llewellyn. Outra é a *777* de Aleister Crowley, publicada por Samuel Weiser.

O significado dos números

Apresentamos a seguir uma relação de significados comumente atribuídos aos números.

- *Um* – o Ego, o individual; clamor inconsciente por independência e originalidade; necessidade de autoexpressão, indicação de especular, agir, criar, mover-se adiante; símbolo do sol.
- *Dois* – indica indecisão, preocupação com a possibilidade de mudança se anunciando, remarca a necessidade de calma e diplomacia, adverte sobre mudanças súbitas e ações impulsivas, símbolo da lua e de intuição.
- *Três* – é o símbolo da expansão e do humor, promessa do anúncio de boa sorte, mas também uma advertência sobre confusão

e os problemas de realizar coisas demais de uma só vez. Novos contatos alegres a serem feitos; o símbolo da trindade, por isso indicativo de união familiar; o número de Júpiter.

- *Quatro* – o símbolo do quadrado e por isso indicação de julgamentos próximos, os quais não podem ser superados por trabalho duro e autocontrole. É também o símbolo do destino e da solidariedade; qualquer coisa conectada a ele ficará por muito tempo na vida da pessoa, talvez trazendo grandes mudanças em consequência. Esse número é associado a Urano e aos quatro elementos.

- *Cinco* – fortes indicações de atividade sexual e romance, também de mudança, viagem e variedade, símbolo de comunicação e liberdade; encoraja o indivíduo a procurar por novas formas de contato com os outros e de mover-se; o número de Mercúrio que é o planeta associado com mensagens e comunicação; representa também os cinco dedos da mão e é o símbolo da vida.

- *Seis* – indica mudança em casa ou ambiente imediato; mostra uma necessidade de investigar a situação financeira e familiar antes de tomar decisões sérias ou realizar mudanças mais drásticas; também uma indicação da necessidade de ser generoso, simpático e perdoar pessoas errantes e amadas. É o número associado ao amor, à generosidade e à diplomacia.

- *Sete* – advertência contra a autodecepção; você deve estar olhando para uma pessoa ou situação de forma ilusória; indica uma tendência à solidão, ao orgulho e à independência; advertência sinalizando papéis importantes; necessidade de ser cuidadoso e analisar com atenção as pessoas e situações. O número do planeta Netuno e, por isso, das ilusões.

- *Oito* – indicação de pressões e responsabilidades adicionais, mas que no fim levarão a ganhos materiais se o indivíduo deseja trabalhar muito; um número poderoso conectado tanto ao sexo quanto à morte ou ainda à transformação, investimentos financeiros são favorecidos se a pessoa desejar aceitar atividades que estão aumentando. É o número da promessa de grandes quantidades de dinheiro, mas, novamente, só se o indivíduo deseja trabalhar muito; número de Saturno e, por isso, símbolo de atividade enorme, poder e ambição.

- *Nove* – conhecido como o número perfeito, nove é símbolo de conclusão, de perfeição espiritual e crescimento espiritual; o número indica a necessidade de mover-se por si próprio, evitar abusos, quebrar padrões antigos para obter sucesso, época de viajar e mudar de ambientes, necessidade de olhar para o futuro com esperança, uma vez que ele promete coisas maravilhosas. É o numero de Marte e da agressão.

- *Zero* – indica período de gestação, tempo de introspecção e de espera, um novo ciclo que se aproxima, regeneração e algumas vezes morte. O zero adicionado a um dígito como em 10, 100 e assim sucessivamente indica um estado cósmico superior ou um estado mais elevado da consciência conectado ao dígito original. Por exemplo, se o número 1 indica o Ego, o 10 representaria a mente e o 100, a alma. Números mais altos representariam estados cósmicos que estariam além da compreensão do intelecto humano.

Os números de apostas

Há outro conjunto de significados atribuídos a sonhos e números, os quais chegam a nós de diferentes formas. São os números popularmente usados para propósitos de jogos e apostas. Nesses casos, cada tema de sonho também foi designado por um número especial que possui um ou mais dígitos. Ninguém sabe ao certo as origens dessa prática, mas muitos apostadores profissionais analisam seus sonhos cuidadosamente, em busca de pistas de números vencedores. No Dicionário de Sonhos incluído neste livro, cada tema de sonho será acompanhado pelo correspondente número atribuído.

Tempo e espaço

Nos sonhos, a simbologia com a qual deparamos não é capaz de mostrar se estamos observando um evento passado, presente ou futuro. Isso ocorre porque o inconsciente humano se move em uma relação de tempo e espaço contínua, na qual passado, presente e futuro existem simultaneamente nos vários pontos do espaço. Isso significa que a mente inconsciente não diferencia passado e futuro, presente e passado, ou presente e futuro.

Contudo, pelo fato de o tempo se mover no espaço, podemos interpretar o tempo nos sonhos se simplesmente observarmos os objetos que aparecem neles. Por exemplo, aproximar os objetos usualmente indica o futuro e devolvê-los quer dizer referência ao passado. Objetos imóveis costumam representar o presente. Alguns psicólogos consideram que objetos do lado direito da figura do sonho tendem a se relacionar com o futuro e aqueles do lado esquerdo, a ter relação com o passado. A possível solução para um problema em geral é indicada por uma porta, um elevador ou uma bifurcação na estrada.

Os sonhos prognosticam o futuro?

Um sonho pode realmente prever o futuro? A resposta é sim, de acordo com os inúmeros casos de histórias registradas pelos pesquisadores.

Esse fenômeno, que Jung chamava de **perspectiva** de sonho, pode ser explicado pela habilidade da mente inconsciente de trazer à superfície da consciência eventos do inconsciente. Em outras palavras, a mente inconsciente parece saber o que acontecerá e esse conhecimento aumenta infinitamente com o tempo. O conhecimento de eventos futuros pode ser detectado por meio de telepatia, clarividência e clariaudiência.

Jung explicava esse poder extraordinário da mente inconsciente como o princípio da **sincronicidade**. De acordo com ele, muitas circunstâncias na vida de uma pessoa são rejeitadas como "coincidências", mas são na realidade mensagens da mente inconsciente.

Exemplos desse tipo de coincidência são ligações telefônicas ou cartas de pessoas nas quais estávamos pensando justamente naquele instante. A intuição que se provou correta, o sonho que avisou com antecedência um evento que ocorreu alguns dias depois, segundo Jung, não são, de forma alguma, coincidências, mas exemplo da sincronicidade ou do trabalho harmonioso de todas as mentes humanas no conglomerado que é a consciência coletiva.

O sexo nos sonhos

Algumas vezes, o sexo aparece de modo implícito e em outras, explícito. Isso significa que alguns de nossos sonhos que tratam do sexo usam símbolos que indicam atividade sexual. Muito notáveis nesse tipo de sonhos são atividades físicas como a dança, o voo, ou mesmo andar a cavalo. Sempre preste atenção na pessoa com a qual você está dançando no sonho, pois ela certamente é, para você, um parceiro sexual muito desejável, consciente ou inconscientemente.

É ainda importante observar a atitude da pessoa em relação a você, porque isso é uma mensagem de seu inconsciente, no sonho. Se ela não lhe dá a menor atenção ou não demonstra desejo de dançar com você, significa que está perdendo seu tempo mantendo pensamentos amorosos em relação a ela. No entanto, caso ela demonstre vontade de dançar e o faça com prazer, poderá ser receptiva a iniciativas de sua parte.

Sonhos que tratam da sexualidade aberta em geral revelam a repressão no dia a dia do sonhador. Eles normalmente são "realizações de desejos" e deveriam ser tratados como tal.

A maioria dos psicólogos aconselha a não levar esse tipo de sonho muito a sério, já que eles expressam um aspecto do próprio eu do sonhador. Fazer amor com uma pessoa do mesmo sexo poderia apenas ser uma expressão de amor próprio, uma mensagem do inconsciente de que deveria se preocupar mais consigo mesmo. O sonho com um animal poderia ser a indicação de seus instintos mais primitivos e exibicionismo e poderia indicar uma necessidade de ser mais aberto aos outros.

O sonho sexual poderia ser interpretado da mesma forma que outro – uma mensagem do inconsciente que não foi devidamente observada e em relação à qual se deve ter cautela. Não há problema em se preocupar com esse tipo de sonho, no entanto, qualquer preocupação excessiva tende a afetar o delicado equilíbrio da mente humana.

O propósito do sonho

O sonho e sua simbologia nos ajudam a digerir os problemas e as ocorrências de nossa vida diária. Por intermédio deles, o inconsciente nos ajuda na adaptação de mudanças e desafios que enfrentamos diariamente. Quando um sonho é ameaçador, o inconsciente está nos dizendo que há uma situação ao nosso redor que está fora de controle e deveríamos tentar superar. Invariavelmente, no mesmo sonho, podemos tentar encontrar a solução para esse problema em particular.

Nossos problemas, medos, nossos gostos ou coisas que não apreciamos e, ainda, nossas necessidades se refletem de forma simbólica nos sonhos. É por isso que devemos levar as circunstâncias em consideração na hora de analisá-los.

A razão para a sua interpretação é entender o propósito da mente inconsciente e ouvir sugestões e explicações. Isso é de importância vital já que quando entendemos a mensagem da mente inconsciente, também entendemos o que realmente nos acontece e nos colocamos em uma posição melhor para o controle de nossas vidas.

Pesadelo

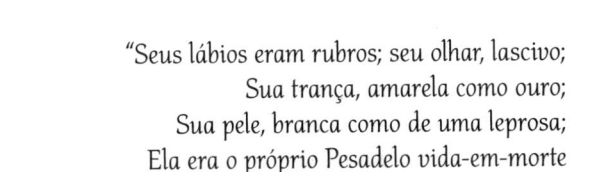

"Seus lábios eram rubros; seu olhar, lascivo;
Sua trança, amarela como ouro;
Sua pele, branca como de uma leprosa;
Ela era o próprio Pesadelo vida-em-morte
Que o sangue humano gela."
Coleridge, A balada do velho marinheiro

Todos sabemos o que é um pesadelo e, de alguma forma, já vivenciamos as batidas aceleradas do coração, o corpo suado, a respiração ofegante, o sentimento de pavor e ameaça iminente associados ao terror que ele nos causa. Mas por que a consciência humana libera um fluxo de imagens terríveis em certo momento enquanto dormimos?

Comer em excesso e os pesadelos

Alguns especialistas aconselham a não ir para a cama logo após uma refeição pesada porque acreditam que um estômago cheio pode ser o responsável por muitos pesadelos. Todos nós conhecemos Adalberto, do famoso desenho animado *Belinda* e sua fraqueza por sanduíches "monstro". O consumo do alimento de tamanho gigante era inevitavelmente seguido por um pesadelo "tamanho monstro", com a presença de vários deles. E, considerando a tese do estômago cheio, podemos dizer que há aí uma verdade: esse é mesmo o caso de Adalberto.

A razão por que comer excessivamente pode causar pesadelos é dupla: primeiro, costuma haver um sentimento de culpa relacionado ao abuso de comida. Essa culpa é refletida nas ações punitivas dos personagens do sonho. As perseguições, as ameaças, os ataques geralmente intimidam o sonhador até deixá-lo em um estado de colapso nervoso. O terror autoinfligido parece proposital com o intuito de impedi-lo de voltar a comer demais antes de dormir novamente.

O segundo aspecto a ser considerado é o fato de que monstros e figuras ameaçadoras são imagens liberadas por um cérebro hiperativo que está trabalhando em dobro para dar conta do processo de digestão e cuidar de todo o corpo enquanto o indivíduo descansa. Muitas substâncias químicas estão trabalhando nesse momento, e a crescente atividade tanto do coração quanto do cérebro deveria ter um ritmo mais lento durante o sono, e isso não acontecendo vêm à tona as últimas imagens mais negativas armazenadas no inconsciente. É como se a mente inconsciente tentasse estabelecer um equilíbrio com o aspecto consciente da personalidade por fazê-lo funcionar, quando deveria estar relaxando.

Abuso de drogas e pesadelos

Comer em excesso não é a única causa. O abuso e a privação de drogas e remédios para dormir também podem resultar em pesadelos que perturbam a mente.

O dr. William C. Dement, famosa autoridade em sono e fenomenologia dos sonhos, afirma que "remédios para dormir podem causar sérios problemas relacionados ao sono". Ele relata que muitas pessoas que começaram a tomar remédios para aliviar a insônia perceberam que, depois de algum tempo, precisavam de doses cada vez maiores para que eles fizessem efeito. Muitas vezes, a dependência dessas pílulas é tão grande que a pessoa não consegue dormir sem o auxílio delas. Quando tentam dormir sem o medicamento, simplesmente não conseguem ou, caso consigam, tendem a ter pesadelos terríveis.

O dr. Anthony Kale, que realiza pesquisas sobre o sono na Escola de Medicina da Universidade Estadual da Pensilvânia, confirmou as conclusões do dr. Dement sobre distúrbios do sono relacionados a abusos de drogas e privação destas.

Pesadelos contínuos e recorrentes são tão incômodos para os padrões normais de pensamento que os psiquiatras os consideram um dos primeiros sintomas de ameaça de surto nervoso. No entanto, isso não significa que todo sonho ruim deva ser visto como precursor de colapso mental. Todavia, pesadelos persistentes e recorrentes acompanhados de outros distúrbios do sono deveriam ser motivo para consultar um médico ou um psicólogo/psiquiatra.

Outras causas

Mas quais as causas dos pesadelos recorrentes ou de quaisquer outros que não sejam provocados por excesso de alimentação ou medicamentos?

O dr. Dement acredita que a intensidade da atividade da base do cérebro e a ativação de circuitos emocionais primitivos podem ser o que determina o sentido do conteúdo nos sonhos. Esses circuitos estão naturalmente localizados no inconsciente profundo e, sendo assim, são difíceis de controlar e também responsáveis pela liberação das imagens mais desagradáveis.

O medo é um dos impulsos mais primitivos do ser humano, e aquilo que mais tememos tentamos evitar transpondo para nosso inconsciente coletivo. Qualquer emoção compassiva, como o próprio medo, a ansiedade, a preocupação ou a insegurança devido a uma situação específica, pode ativar os mecanismos que ativam o que o dr. Dement chama de circuitos emocionais primitivos, causando o fluxo de imagens negativas que denominamos pesadelos.

Símbolos da morte em sonhos

Jung, por outro lado, observou que a morte é frequentemente anunciada por símbolos que indicam mudanças, renascimento ou viagens. Longas viagens de trem, navio ou avião são particularmente suspeitas, mas apenas quando se repetem constantemente por um período de um ano.

O mesmo vale sobre se mover de um lugar a outro, sair de águas profundas ou afundar, que no último caso também pode indicar algum tipo de problema mental, já que águas profundas costumam simbolizar a mente inconsciente.

Mas, novamente, esses achados não são conclusivos já que os mesmos sonhos podem não significar a morte, mas um novo crescimento e transformação da personalidade, visto que isso ocorre quando o processo de individualização está completo.

O que você faz a respeito dos sonhos

Não podemos oferecer uma explicação conclusiva ou clara para as causas do pesadelo. Tudo o que sabemos é o que evitar, para não termos sonhos ruins. Sabemos, por exemplo, que não devemos ingerir refeições pesadas imediatamente antes de dormir. Sabemos também que o uso excessivo de drogas, incluindo pílulas para evitar a insônia, assim como excesso de preocupações por muito tempo podem ativar o mecanismo dos pesadelos.

Os psicólogos também aconselham a prestar atenção em nossos pensamentos imediatamente antes de dormir, porque são eles que devem permanecer em nossa mente durante os sonhos. Assuntos desagradáveis ou assustadores, como filmes ou livros mórbidos, deveriam ser evitados.

Mas o que fazer se, após evitar cuidadosamente as causas suspeitas dos sonhos, ainda assim você se encontrar brigando com o Drácula e o Lobisomem sem ao menos ter em mãos uma cruz ou uma bala de prata? A resposta é simples: você deve revidar. Se o Drácula bater em você, bata nele também. Se o Lobisomem o está perseguindo, ponha-o para correr e roube o dinheiro dele. Seja mau e implacável com seus monstros da mesma forma que eles são com você, ou mesmo pior, se possível. Se o fizer, você logo verá que seus pesadelos não estarão mais infernizando suas horas de sono, como faziam no passado.

Mas, você perguntará, como posso fazer isso? Como posso controlar essas coisas? Fácil. Você diz a si mesmo antes de dormir que não quer ter nenhum sonho ruim, mas que, caso eles apareçam, você está preparado para lutar contra eles.

O que os pesadelos significam

Lutar contra os pesadelos é importante porque os símbolos ameaçadores que aparecem representam, na realidade, todos os problemas que você teme e as características negativas que possui, as quais precisa melhorar.

Quando você enfrenta uma figura ameaçadora em um pesadelo e a supera, terá integrado uma parte de você mesmo de forma bem-sucedida e dado um passo para superar um problema. Pode estar certo de que aquela figura específica nunca irá atacá-lo ou ameaçá-lo novamente.

Gostaria de reforçar esse ponto relatando um pesadelo que tive recentemente, que ilustra bem a argumentação anterior. Eu sonhei com o arquétipo de Jung denominado sombra, que é uma espécie de agrupamento de todos os traços negativos do indivíduo. Quando a sombra não está totalmente integrada na personalidade, ela poderá destruí-lo. Infelizmente, essa integração leva um tempo e, algumas vezes, nunca é alcançada.

No sonho, via a sombra de uma mulher se movendo secretamente na penumbra com uma faca enorme, com a mão esticada. Eu sabia que era apenas questão de tempo até que ela apontasse a faca para mim. Quase imediatamente, vi que minha suspeita estava correta. O corpo sem vida virou-se para mim dizendo: "É você que eu quero matar". Eu estava preocupada porque sabia que aquilo podia me machucar, mas me manti firme: "Por que você quer me matar?" "Porque eu te odeio", ela me respondeu. E logo eu perdi o medo. Apesar da ameaça da sombra, me senti totalmente no controle da situação: "Não, você não me odeia. Você me ama, me ama muito." A sombra então abaixou a cabeça e a faca logo caiu de sua mão. "Sim, eu te amo. E gostaria de ser como você, mas sei que é impossível." Ela então se foi e o sonho acabou.

O que aconteceu durante aquele sonho foi que eu me deparei com os aspectos negativos de minha personalidade, os aceitei e logo fui capaz de controlá-los ao chegar à conclusão de que eles continuam uma parte de mim e não deveriam me machucar. A mágoa da sombra por não poder ser igual a mim é a aceitação de que todos esses traços devem permanecer ocultos porque não são totalmente aceitáveis. Eles nunca poderão se expressar conscientemente porque "não podem ser". Senti-me então profundamente aliviada após esse sonho, porque ele marcou um novo crescimento em minha personalidade e na integração de minha sombra.

Os Senoi e o pesadelo

O confronto das figuras ameaçadoras nos pesadelos é o trabalho de uma vida inteira de uma tribo da península da Malásia. Essas pessoas primitivas foram descritas pelos antropólogos como as mais democráticas da história. Elas não tinham problemas como crimes violentos ou conflitos pessoais, e por centenas de anos estavam sempre felizes e em perfeita saúde mental.

O segredo da paz dos Senoi é simples: o uso da interpretação de sonhos e da manipulação da saúde mental. Os Senoi acreditam que as imagens dos sonhos são parte do indivíduo e formadas pelas forças psíquicas que tomam formas externas, como meu sonho com a sombra.

Por essa razão, eles aprenderam na infância a dominar essas forças internas. As crianças Senoi são estimuladas a não confrontar, mas a atacar as figuras hostis ou "espíritos" de seus sonhos. Elas são ensinadas a chamar espíritos amigos para auxiliá-las durante os pesadelos. Essas forças amigas, que podem ser relacionadas a figuras angelicais e religiosas, são os aspectos positivos do interior. Os Senoi acreditam que qualquer figura ameaçadora destruída pelo sonhador aparecerá posteriormente como um aliado ou espírito amigo.

Também é importante, de acordo com eles, não ter medo de sonhos negativos. Quando confrontados com tais sonhos, os indivíduos deveriam se entregar a essa experiência e descobrir que costumam se tornar prazerosas experiências como voar, relacionadas a experiências eróticas.

Longos estudos das crenças nos sonhos dos Senoi fizeram com que muitos psicólogos modernos concluíssem que sua filosofia do sonho é a mais saudável e adequada para a preservação da saúde mental e da integração da personalidade.

Nosso breve estudo sobre pesadelos mostrou que eles são uma expressão dos sonhos, ansiedades e traços negativos, os quais devemos tentar controlar a todo custo. Isso é algo que podemos fazer simplesmente confrontando o pesadelo, em vez de temê-lo, devemos enfrentá-lo até finalmente vencê-lo. Dessa forma, podemos ser bem-sucedidos não apenas em resolver nossos problemas, mas também em controlar toda a negatividade dentro de nós.

É possível controlar os sonhos?

"Aqueles que sonham durante o dia têm consciência das muitas coisas que escapam àqueles que sonham à noite."
Edgar Allan Poe, Eleonora

No capítulo anterior, vimos que uma refeição pesada antes de ir para a cama pode ser a causa de pesadelos terríveis. Da mesma forma, sons que penetram o véu sutil do sono e são registrados pela mente podem influenciar nossos sonhos de modo peculiar. Uma torneira gotejante pode ser interpretada como alguém se aproximando ou mesmo como pegadas, uma campainha pode resultar em imagens de casamentos, água corrente pode se transformar em sonhos com cachoeira, enchentes ou afogamento.

Além disso, a posição do corpo durante o sono pode influenciar um sonho com resultados surpreendentes. Uma pessoa pode ter sonhos com sensações sufocantes, desmembrantes ou que retratem atividades sexuais simplesmente pela pressão das roupas de cama em seu corpo.

Os sonhos de nudez também são influenciados pelo peso das roupas de cama ou quando se é descoberto por ventania no quarto. Todos são conhecidos como sonhos representativos e em geral são causados por um tipo específico de excitação automática de uma região cerebral criado por estímulos externos. Muito frequentemente, em um primeiro estágio, quando uma pessoa está começando a pegar no sono, pode começar a ver uma série de rostos estranhos passando rapidamente na frente de seus olhos. Da mesma forma, outros estímulos começam a interferir e o sonhador passa também a ver e ouvir vozes estranhas falando seu nome no ouvido. O sentimento de ser tragado por águas revoltas não é incomum durante essas experiências.

Devido à misteriosa natureza dessas imagens e desses barulhos, muitas pessoas julgam o significado místico ou sobrenatural desses sonhos. Mais uma vez, eles são o resultado de um cérebro superativo que libera imagens não relacionadas à superfície da mente consciente. Rostos e vozes são mais comuns porque são os mais simples de toda a bagagem mental e de sons.

Sonambulismo

O fenômeno do sonambulismo deixou os cientistas perplexos por séculos. Somado à "cama molhada" e aos "terrores noturnos", o sonambulismo acontecia quase exclusivamente com crianças pequenas e aquelas na pré-puberdade. Embora haja alguns casos de adultos que sofram desses distúrbios, eles são bem raros. Ainda que a maioria dos médicos concorde que não há pistas definitivas da razão do sonambulismo, especula-se que esses episódios representem a expressão de conflitos emocionais reprimidos pela criança durante as horas em que está acordada e autorizados a serem exteriorizados durante o sono. Eles também podem ser causados pela hiperatividade da criança, em outras palavras, uma criança ativa demais para a idade e a estrutura de seu corpo pode ser prejudicada pelo sonambulismo.

Ainda hoje, o aconselhamento médico sobre o assunto é não tratá-lo de uma forma qualquer, como se a criança fosse se curar antes da adolescência. Pelo fato de a maioria dos tratamentos ser ineficaz, eles só acabam por deixar a criança desnecessariamente ansiosa.

E o que fazer se você é adulto e de repente se descobre sonâmbulo? Nesse caso, a situação é completamente diferente. O sonambulismo em um adulto é indicação de uma ansiedade severa que deveria ser tratada por um psicólogo.

Sonhos induzidos

O sonho induzido é um sonho plantado no inconsciente. Em outras palavras, é uma forma pela qual podemos aprender muito sobre nós mesmos, sobre nossos problemas e como resolvê-los.

De início, os sonhos foram tratados como uma maneira de prevenir ou curar doenças. Tal qual Aristóteles, que acreditava poder identificar uma doença pelo tipo de sonho que uma pessoa tinha, a maioria dos antigos acreditava não apenas que poderia identificar uma doença por meio de sonhos, mas que poderia curá-la. Dois notáveis entre os praticantes da medicina dos sonhos foram Hipócrates e Galen, os pais da medicina moderna.

Na época antiga, sonhos induzidos eram conhecidos como incubação e na verdade consistiam em ir a um lugar sagrado para que lhe fosse ofertado um sonho por um deus. Embora a cura fosse uma das utilizações mais importantes dos sonhos, a incubação era usada para inúmeros propósitos.

Por exemplo, no famoso *Épico de Gilgamesh*, o herói "clama a uma montanha" para ter um sonho antes de atacar um monstro. Gilgamesh e seus companheiros recorrem a um ritual mágico para atingir seus objetivos. Eles observam o pôr do sol e então ele começa a ter um sonho misterioso, uma espécie de vapor "como uma droga" imediatamente toma o herói. A abertura da terra nessa trama simbólica significa o desdobramento dos processos inconscientes para a mente consciente.

Os iogues também praticavam a incubação dos sonhos no que chamavam de estado **intermediário**. Essas condições eram necessárias para que eles invocassem o sonho desejado.

Primeiro, durante o sono, nunca se deve estar inconsciente, ou seja, deve-se estar totalmente consciente de que está dormindo e ainda ser capaz de controlar não apenas seu sonho, mas também os objetos e as pessoas que participam dele.

Segundo, é preciso se manter a "meio sono", isto é, entre estar acordado e dormindo.

Terceiro, antes de ir dormir, deve-se realizar uma série de exercícios de respiração que irão colocá-lo na "junção" necessária entre as inspirações e expirações, nos momentos em que se entra em contato com a energia pura. É essa energia que produzirá a visão necessária nesse momento.

No Irã, os dervishes induziam os sonhos aplicando uma droga misturada ao vinho. Os muçulmanos acreditam que a prática da incubação é parte de um ritual sagrado conhecido como *istikhara*. Acredita-se que os sonhos que resultam desse ritual sejam revelações divinas.

Para induzir esse tipo de sonho, deve-se invocar ajuda e proteção do "eterno mestre" dos indivíduos e então impedir a mente de "deixar a imaginação fluir" ao mesmo tempo que se concentra em todos os pensamentos no sonho desejado.

Sonho criativo

Há vários casos na literatura e na música nos quais a ideia de uma obra de arte (em diversas áreas) foi revelada em um sonho. Por exemplo, os livros *A ilha do tesouro* e *O médico e o monstro* foram inspirados pelos sonhos do escritor Robert Louis Stevenson. A *Divina comédia*, de Dante, *Trilby*, de Du Marier, e *Kubla Khan*, de Coleridge são outros exemplos de obras clássicas inspiradas em sonhos. Muitos outros escritores famosos, como Henry James, Baudelaire, Emily Brontë, Dostoiévski Wordsworth e Walter de la Marte recorriam a seus sonhos para "produzir" uma literatura marcante e inesquecível.

Sugestão mental por meio de sonhos

Muitos psicólogos modernos consideram que os sonhos não podem ser controlados pelo sonhador, mas, no entanto, o significado dos sonhos pode alterar os significados dos sonhos. Acreditam também que podemos implantar sugestões positivas em nossas mentes inconscientes antes de irmos dormir, com o objetivo de respondermos às dúvidas do inconsciente na forma de sonhos.

A dra. Patricia Garfield, notável estudiosa do controle de sonhos, afirma que um sonhador que se torna totalmente consciente de seu estado de sonho, se torna também capaz de controlar essa consciência, podendo ainda ter a experiência de controlar os profundos desejos de seu coração durante eles. Pode escolher, por exemplo, fazer amor com o parceiro que quiser, viajar para terras distantes, falar com qualquer pessoa (ou figura) que deseje (seja ela real ou fictícia), esteja ela morta ou viva, podendo ainda encontrar soluções para seus problemas e descobrir criações artísticas.

O sonhador pode se tornar consciente desse estado também para uma excitante aventura pessoal.

Mas, talvez o mais importante de tudo, e a maior vantagem do sonhador criativo em relação ao sonhador comum, seja a oportunidade de integrar e unificar sua personalidade. A ausência de medo das imagens de um sonho que o criativo aprende a desenvolver produz a condição de capacitação que ele carrega para o estado de vigília, construindo uma base para ações seguras. Ainda, o controle de sonhos resultará na sustentação de suas imagens por períodos longos, tanto quanto em aumentar progressivamente a capacidade de relembrá-los.

Como aprendemos a controlar nossos sonhos?

A dra. Garfield não oferece apenas um, mas dezenas de sistemas que a pessoa pode utilizar para aprender a sonhar com o que deseja. O mais simples desses métodos (muito usado pelos antigos) é o que contempla o sistema da incubação. Nesse método o indivíduo deve encontrar um lugar particularmente prazeroso e harmonioso para seus experimentos, um local onde não seja distraído pelos sujeitos dos sonhos desejados.

O próximo passo é, claramente, conceber o sonho intencionado. Também é muito importante escolher um tema específico, colocando a intenção em uma frase curta e positiva, como por exemplo: "Essa noite eu aprenderei como resolver esse ou aquele problema", tomando o cuidado de especificar claramente que problemas tem vontade de resolver. A pessoa também pode decidir sonhar com alguém em especial ou como curar uma doença.

É importante lembrar que a fé no ritual do sonho e a determinação são ingredientes básicos para o sucesso dele. Alguém pode optar por receber uma mensagem e manter sua concentração firmemente ancorada no tema escolhido para o sonho.

O próximo passo é cuidar-se relaxando o corpo de forma rítmica e periódica, inspirando e expirando o ar. Quando o corpo está em um estado sonolento e relaxado, a pessoa pode repetir o tema do sonho escolhido diversas vezes, concentrando todos os pensamentos nele. Nesse ponto, ela o visualiza como algo que está prestes a acontecer e tenta imaginar-se após o sonho ter sido realizado. Em outras palavras, é necessário acreditar que a mente inconsciente é capaz de realizá-lo.

A dra. Garfield também aconselha seus alunos a se lembrarem de todos os seus sonhos no tempo presente e imediatamente após acordar, assim como tentar produzir imagens positivas de alguma forma, no estado de vigília. E também a se envolver em atividades relacionadas ao sonho desejado, logo antes de ir dormir; isso garantirá que o inconsciente receba um visual claro conectado com o sonho, facilitando o acesso ao objetivo.

Para alguns ocorre a indesejável situação de acordar no meio da noite, interrompendo um sonho excelente, mas voltam a dormir e continuam de onde pararam. Isso pode ser controlado com persistência e determinação. Mas talvez o aspecto mais desejável de controle seja se tornar consciente de estar sonhando no meio de um sonho, que é conhecido como sonho lúcido e uma prática comum entre os iogues.

Há alguns passos conhecidos para alcançar um objetivo lúcido. Antes de tudo, você deve aceitar que todos os sonhos são uma forma de pensamento. Isso significa que o pior pesadelo ou o sonho mais aterrorizante que você teve foi apenas uma expressão de sua mente inconsciente. Saber disso tornará mais simples confrontar um monstro e não o deixará tão desconcertado caso se veja tendo relações sexuais com um parceiro particularmente indesejável.

O próximo passo para alcançar o sonho lúcido é determinar-se a permanecer consciente dele. Ajuda muito concentrar-se na ideia da consciência do sonho dois ou três dias antes de tentar se tornar consciente. À medida que você vai fazendo isso, pode induzir qualquer mudança que queira nele. Isso o fará perder o medo de qualquer imagem, não importa o quão terrível ela seja, porque aprenderá a modificá-la, se quiser. Ao não temer símbolos negativos, você terá condições de usar seus sonhos para propósitos de criatividade e cura.

Acima de tudo, você deve lembrar que, como em todas as coisas, alcançar o controle dos sonhos requer persistência e determinação. Ou, como diz a máxima, caso você não consiga a princípio, tente de novo e de novo. Uma hora conseguirá.

Como interpretar os sonhos?

"Há uma longa noite de espera. Até todos os meus sonhos se tornarem realidade. Até o dia em que irei muito, muito longe com você."
Stoddard King, Há uma trilha longa, muito longa

Como vimos anteriormente, alguns de nossos sonhos se transformam em realidade. Isso ocorre porque a mente inconsciente humana se move em um tempo-espaço contínuo, no qual passado, presente e futuro se misturam no infinito. Os sonhos proféticos ou prospectivos são parte de um fenômeno chamado por Jung de sincronicidade, discutido nos capítulos anteriores. Não há dúvidas de que o sonho profético realmente ocorre. O curioso é o fato de que nem todos se tornam realidade e raramente somos capazes de predizer se o tempo dos nossos sonhos é profético ou não.

O sonho profético

Os sonhos proféticos têm em comum as pré-advertências. Nada de importância real nos acontece sem sermos de alguma maneira preparados anteriormente por um sonho. E, invariavelmente, também revela de forma sugestiva o que devemos fazer sobre esse acontecimento na iminência de ocorrer.

Quando o evento anunciado é trágico ou desagradável, é como se nossa mente inconsciente estivesse nos dizendo que deveríamos ser fortes e nos prepararmos para a desastrosa ocorrência. O que parece ganhar lugar então é o fortalecimento de nosso aspecto mental e emocional como indivíduo. Uma vez que já vivemos a experiência negativa em sonhos, estamos mais preparados para a realidade. Podemos dizer então que ele prepara o indivíduo contra choques ameaçadores para seu bem-estar físico e mental. Da mesma forma, acontecimentos alegres e excitantes costumam ser anunciados em sonhos, já que eles também podem ter consequências físicas e emocionais.

Como "tratar mal" os pesadelos

Antes de mais nada, devemos tentar determinar se o sonho ruim é resultado de uma refeição pesada logo antes de dormir. Se esse não for o caso, poderemos então identificar os temas e tentar interpretar seu simbolismo. Se discernirmos a mensagem dos símbolos, poderemos lançar mão de qualquer medida protetora, caso haja alguma. Se não houver nenhuma, poderemos então relaxar e dar a ele um determinado valor.

É inútil nos preocuparmos com sonhos negativos, porque nunca saberemos ao certo quais são proféticos e quais são simples expressão de nossas características negativas em nossos processos mentais; de qualquer forma, o sonho profético quase nunca pode ser evitado. Ele apenas prediz algo que está em vias de acontecer e sobre o qual não temos controle.

Como lembrar dos sonhos

Foi comprovado por pesquisas de laboratório que todo mundo sonha pelo menos uma hora por noite, mesmo que isso não seja consciente ou contínuo, ou seja, os sonhos podem ser curtos.

Pelo fato de serem lembrados apenas se o sonhador acorda durante ele (o período REM), ou a cada 10 minutos, não é fácil relembrar de todos os sonhos. Às vezes, não podemos relembrar nenhum detalhe, embora tenhamos uma vaga consciência de estarmos sonhando. Quanto mais tentamos, mais vagamente o sonho parece crescer e temos mais dificuldade em lembrá-lo.

Então, como capturamos a memória elusiva de um sonho? Simplesmente dizendo a nós mesmos a cada noite que queremos relembrá-los quando acordarmos e fazendo um diário de sonhos.

O diário de sonhos

Não é difícil manter um diário. Tudo o que precisamos é de um caderno (especificamente para esse propósito) e determinação. O caderno deve ser mantido ao lado da cama e cada sonho lembrado imediatamente após acordar deve ser anotado com todos os seus detalhes. É importante que sejam anotados antes de sair da cama, já que os detalhes tendem a ser esquecidos em meio aos pensamentos do dia. Caso acorde no meio da noite devido a um sonho, é importante que você anote-o imediatamente quando levantar em vez de esperar até amanhecer, o que significaria esquecer do sonho, porque ao voltarmos a dormir teremos muitos outros sonhos que irão se sobrepor ao primeiro. É importante anotar a data na qual o sonho aconteceu e os sentimentos que despertou no indivíduo ao acordar. Geralmente a expressão dos sentimentos que o sonho evocou no indivíduo é reveladora, por isso é tão importante anotar esses sentimentos e colocá-los logo abaixo da descrição dos seus sonhos, como um comentário.

Análise dos sonhos

Dissemos que nossos sonhos são imagens simbólicas liberadas pela mente inconsciente durante o sono. Dissemos também que não podemos controlar essas imagens de formas variadas, como sugestões. Ainda assim elas não podem ser incorporadas ao inconsciente a não ser que pertençam à experiência individual atual. Por exemplo, você não pode querer sonhar com a Champs-Elysées em toda a sua glória se nunca esteve em Paris. Em outras palavras, o inconsciente só funciona com material que tenha sido anteriormente armazenado.

Temas de sonhos

Mencionamos os símbolos recorrentes nos sonhos de todo mundo, que Jung chamava de temas dos sonhos. Exemplos deles são sonhos com trens, casamentos, voos, escaladas, quedas e centenas de outros assuntos. Esses são os que compõem um típico dicionários de sonhos, como o incluso neste livro. Quando os analisamos, devemos tentar identificar os vários temas na forma como eles aparecem. Então, se você estiver descendo uma longa escada atrás de um ladrão que acabou de roubar sua carteira, deve ser capaz de identificar os quatro temas: 1. corrida pela escada; 2. perseguição; 3. roubo; 4. carteira.

Logo, devemos encontrar cada tema associado a cada um desses assuntos em um dicionário de sonhos. Posteriormente, nos concentramos em cada um deles e escrevemos a primeira coisa que vem a nossa mente relacionada ao assunto em particular. Isso nos revelará o significado individual de cada tema, o qual pode variar de uma pessoa para a outra.

Também deve ser levado em consideração durante essa análise o ambiente imediato do sonhador e qualquer problema particular ou conflito pessoal pelo qual ele esteja passando naquele momento específico. Obviamente, sonhar com uma cachoeira se você vive perto de Cataratas do Niágara não tem o mesmo significado se você vive perto do deserto Mohave. Da mesma forma, ter sonhos violentos tem significados bem distintos se você é um gangster ou um policial do que se você é uma freira ou um padre. Igualmente, o ambiente ao redor da pessoa, assim como sua vida pessoal devem ser considerados durante a análise de sonhos. Deve-se adquirir o hábito de anotar as experiências associadas a eles. Por exemplo, se você perceber que logo após um sonho com rosas recebeu uma carta com boas notícias, deveria anotar essa experiência, para prestar atenção a qualquer outro sonho posterior no qual apareçam rosas. Se for cuidadoso com a compilação de suas anotações, não demorará muito para ter seu próprio dicionário de sonhos exclusivo.

O ritual do sono

Em geral, vamos para a cama cansados ou com sono demais para seguir qualquer ritual. Mas, na realidade, nossos momentos de sono são tão importantes quanto o período que passamos acordados, porque é neles que ajustamos e assimilamos os conflitos que enfrentamos durante nosso "estado de vigília", o que se dá, como vimos, pela simbologia dos sonhos. É muito importante então ir dormir com um enquadramento mental adequado e, para tal, nada melhor que um breve ritual do sono, que não toma muito tempo e deve ser realizado não importa o quão cansados ou ocupados estejamos. Ele é bem simples e faz a diferença que pode mudar nossas vidas.

O ritual sugerido aqui é bem simples. A primeira coisa a fazer quando você está na cama pronto para dormir é deitar-se com a coluna reta e os braços esticados ao longo do corpo. Comece então a relaxar. Comece pelos pés e vá relaxando os músculos de todo o corpo, da planta do pé ao couro cabeludo. Enquanto está relaxando, cada grupo de músculos deve respirar profunda e uniformemente.

Quando seu corpo se sentir confortável e relaxado, você deve prosseguir incorporando em sua consciência qualquer sugestão que queira que ocorra em seus sonhos. Nesse momento, diga a si mesmo que gostaria de se lembrar de todos os sonhos importantes quando acordar e que não terá medo de nenhum deles, não importa quão assustadores eles possam parecer. Isso é tudo o que precisa fazer. É simples, fácil e rápido, mas você sentirá a enorme diferença positiva na qualidade de seus próximos sonhos. Pelo fato de algumas pessoas pegarem no sono durante o período de respiração profunda, recomenda-se primeiro incorporar sua sugestão e então continuar com o relaxamento muscular.

Caso você deseje contatar alguém em nível inconsciente durante o sono, também pode fazê-lo durante o ritual do sono simplesmente exprimindo sua intenção de encontrar essa pessoa em sonho, repetindo o resultado desse encontro.

Lembre-se sempre de que sonhos não são apenas mensagens, mas também lembranças do estado de sua mente inconsciente, cujo principal propósito é tornar sua vida mais simples e suportável e lhe dar maior controle de seu próprio destino. Mas à medida que passar a entender os sonhos, você não apenas entenderá a si mesmo melhor, como também aos outros e as relações deles com você. Por meio de uma análise apropriada, você perceberá que suas chances de sucesso crescerão exponencialmente. Nós lhe mostramos como alcançar esse objetivo. Coloque o conhecimento adquirido em prática e terá muitos sonhos felizes.

Dicionário de Sonhos

Nota: Este Dicionário de Sonhos oferece um significado fixo para cada tema de sonho relacionado. As condições pessoais do sonhador e seu ambiente também devem ser levados em consideração. Os números que se seguem a cada sonho são aqueles consagrados pela tradição popular, aos quais se credita a sorte nos jogos de azar.

A

A – sucesso nos negócios. 1, 10
Abacate – você receberá a visita de alguém de quem gosta muito. 76, 31, 6
Abacaxi – se você recolhê-lo ou comê-lo você terá muito sucesso em um futuro próximo. 67, 3
Abacaxizeiro – muito sucesso em todos os seus projetos. 17, 46
Abandono – dificuldades e conflitos pessoais; também indica a necessidade de independência. É importante notar o que está sendo abandonado e por quem, porque essas coisas podem estar prestes a abandonar a vida do sonhador. 8, 80
Abatedouro – seu esposo(a) o temerá mais do que o amará. 52, 64
Abdômen – se o abdômen está com aparência normal, você realizará seus desejos mais especiais. Se está sangrando ou apresenta sinais de problemas, você está a um passo de ter experiências de infelicidade. Consciência de que acidentes estão a caminho. 3, 37
Abelhas – muitos negócios gratificantes e rentáveis. Muita alegria trazida por crianças amadas. Se a abelha o picar, você sofrerá perdas e danos de um amigo. 52, 61
Abismo – perigo, ameaças, má sorte que você pode ou não ter a capacidade de superar. Caso esteja caindo no abismo, passará por muitas dificuldades de natureza pessoal. O sonho pode ainda prever morte para o sonhador. Caso não caia, mas esteja descendo para o abismo, indica a necessidade de se aprofundar no inconsciente para encontrar soluções para problemas pessoais. 11, 14, 69, 70, 75
Abóbora – você testemunhará a desonra de um amigo. 87, 47
Aborto – sonhar com aborto prognostica problemas de saúde. Se o sonhador é mulher, pode ser um alerta quanto a decisões errôneas que ela está prestes a tomar, as quais poderiam trazer muita infelicidade. 6, 39

Aborto espontâneo – muitas alegrias e felicidades estão por vir. 17, 7
Abraço – para amantes ou pessoas casadas, esse sonho antecipa brigas e discussões. Abraçar familiares indica que doenças estão em seu caminho. 65, 36
Abrigo – negócios infelizes. 24, 50
Abrigo subterrâneo – você terá muitas dúvidas e perderá confiança em suas próprias habilidades. Você deve se esforçar para fortalecer seus desejos para obter sucesso. 66, 90
Abril – muita felicidade e prazer estão a caminho. Se o tempo está ruim, significa falecer em razão de doença. 44, 74
Abscesso – o sonhador está com um problema que se recusa a aceitar. Deve ser valente e resolver a situação, mesmo que ela envolva muita dor. Se conseguir, ele superará muitos obstáculos. 7, 87
Absolvição – sonhar que alguém é absolvido de um crime prediz a aquisição de uma propriedade valiosa que pode estar envolvida em problemas de ordem jurídica.
Abuso – se alguém está abusando do sonhador, ele logo estará diante da inimizade e perseguição de um falso amigo. Se o sonhador está abusando de alguém, ele terá má sorte nos negócios. 15, 8
Abutre – uma pessoa falsa está planejando magoá-lo intencionalmente. Se o abutre estiver morto, você terá sucesso em vencer essa pessoa. 87, 61
Acampamento – mudança em suas relações, além de uma jornada longa e cansativa. 38, 32
Aceitação – sonhar que uma proposta de negócio foi aceita significa sucesso em uma negociação que o sonhador temia que fracassasse. Sonhar que está sendo aceito por alguém que você ame indica muita felicidade ao lado dessa pessoa ou até mesmo um possível casamento. 5, 57
Acidente – o sonhador deve evitar viajar por algum tempo, já que sua vida pode estar em risco. 98, 91
Ácido – ingeri-lo revela um período de ansiedade "à vista". Vê-lo prognostica traição contra você. 42, 86
Acolchoado – seu futuro será protegido por circunstâncias confortáveis. 16, 48
Acordado – se você sonhar que está acordado, terá experiências inusitadas que o deixarão deprimido e infeliz.
Acordeão – escutar música de acordeão avisa que agradáveis surpresas e prazeres estão por vir. Tocar acordeão quer dizer que o sonhador ganhará o amor da pessoa amada por intermédio de um evento bastante dramático. 4, 8, 18
Açúcar – infelicidade ao seu redor que se dissipará após algum tempo. Tome cuidado com ciúme e preocupações mesquinhas. 16, 39

Acusação – denota brigas e escândalos que estão para eclodir. 3, 10, 39
Admiração – se sonhar que está sendo admirado, terá boa sorte. Se está admirando outra pessoa, logo enfrentará dificuldades. 59, 71
Adoção – sonhar que você ou alguém está adotando uma criança significa que está fazendo mudanças positivas a sua volta. 21, 40
Adultério – se está cometendo adultério em um sonho, seu casamento pode não ser tão sólido quanto parece. Esse sonho revela insatisfação e desejo de mudanças. 1, 11, 39
Adversário – se você superou um adversário, escapará de algum desastre que esteja a caminho. O sonho prevê que o sonhador é seu pior inimigo e poderia ser culpado de um conflito que se aproxima. 5, 11, 50, 55
Advogado – tenha cuidado para não cometer indiscrições que podem lhe custar caro ao longo do caminho. 43, 28
Afogamento – se você estiver se afogando, sofrerá perdas de negócios e propriedades. Salvar outros de afogamento indica que você ajudará amigos em necessidades que irão lhe recompensar amplamente no futuro. 76, 24
África – esse sonho revela experiências místicas e amor pela natureza. Aguarde o inesperado. 99, 35
Agonia – esse sonho prognostica uma mistura de prazer e dor. Esteja consciente de medos imaginários que irão torturá-lo sem necessidade. 98, 49
Agosto – negócios malsucedidos e dificuldades no amor. Se sonhar que está se casando nesse mês, isso significa problemas no amor ou em sua vida de casado. 76, 41, 4
Água – águas claras indicam prosperidade e felicidade a caminho. Águas turbulentas avisam doenças que estão por vir. Brincar com água quer dizer perigos e azar. Beber água turva é também sinal de perigos e azar. Brincar com essa água significa paixão avassaladora e amor à vista. 10, 7
Águia – se uma águia estiver voando sobre você, você se dará conta de ambições exacerbadas. Se ela estiver parada em uma posição alta, você terá fama e fortuna. Matar uma águia denota que nenhum obstáculo será complicado demais para você. 1, 10, 11
Agulha – preocupações e azar estão por vir. 71, 44
Aipo – se o aipo estiver crocante e verde, você será próspero e feliz em todas as suas tarefas. Se estiver estragado ou em mau estado, pode ocorrer uma morte em sua família. Comê-lo denota que muito amor lhe será oferecido por seus amigos e familiares. 20, 7
Alabastro – prediz um casamento de sucesso e bons negócios. Se a figura de um alabastro aparece quebrada, o sofrimento se aproxima. 20, 51

Alarme – esse sonho denota medos secretos e ansiedades. Tome cuidado ao viajar e não confie seus assuntos pessoais a ninguém. 12, 30
Alcatrão – tome cuidado com inimigos e armadilhas nos negócios. Sonhar que há alcatrão em suas mãos é uma indicação de doenças e aflições. 95, 48
Alface – se a alface for verde e limpa, você está prestes a deparar com um constrangimento seguido pela conquista de um de seus mais profundos desejos. Se você comer a alface, sofrerá com ciúme e talvez com algum problema de saúde capaz de separá-lo de seu amor. 15, 64
Alfaiate – preocupações com uma viagem que fará em breve. 32, 41
Alfinete – brigas e divergências em casa. Ser alfinetado por alguém significa que essa pessoa o irritará. 21, 74
Algemas – se você se visualizar algemado, você passará por problemas tramados por inimigos. Ver outros algemados indica que você terá de lidar com doença e perigos. 79, 42
Algodão – empreendimentos de sucesso nos negócios. Vê-lo pronto para a colheita denota riqueza e abundância para fazendeiros. 33, 72
Alho – você se livrará da pobreza e atingirá prosperidade e riqueza. Para mulheres, esse sonho denota um casamento por conveniência.
Aliança de casamento – caso você veja sua própria aliança de casamento brilhante e bela, você terá um companheiro carinhoso e amoroso por toda a vida. Caso sonhe que a perdeu, enfrentará problemas com seu parceiro ou haverá uma morte. 23, 88
Almofada – se descansar em almofadas de seda, você desfrutará do relaxamento obtido a custas de outros. Ver almofadas indica que você terá felicidade nos negócios e no amor. 5, 57
Altar – o sonho adverte sobre um sério erro que o sonhador está em vias de cometer. Também que o sonhador está prestes a se casar. 79, 36, 51, 62
Aluguel – se você sonha que está alugando uma casa, assinará um contrato rentável. Pagar aluguel revela que suas finanças estão em condição ruim. 39, 44
Alumínio – esse sonho revela a aceitação do destino de alguém. Se o metal está manchado, significa que o sonhador logo passará por momentos difíceis. 29, 42
Alvo – o excesso de responsabilidade o afastará da alegria dos prazeres. Tome cuidado com as aflições ao seu redor.
Amarelo – felicidade e satisfação em seus afazeres. 5, 19
Ambição – revela que saúde, riqueza e boa sorte estão a caminho. 3, 31, 69
Ambulância – rápida recuperação de uma doença que está chegando. 61, 17
Ameixas – uma ameixa madura revela que eventos felizes acontecerão

em sua vida logo. Se você juntá-las, conseguirá realizar seus desejos mas eles parecerão imperceptíveis. 78, 14
América – muitas honras e sucessos serão seus, mas você será perseguido por invejosos e inimigos ocultos. 48, 13
Ametista – quando deparar com ela em um sonho, esteja certo de que sucesso e felicidade estão a caminho. Se a ametista for perdida, prepare-se para o fim de relacionamentos amorosos e amor desprezado. 9, 57
Amigo – se ele estiver bem e feliz, há felicidade em seus caminhos. Se estiver triste ou doente, você terá más notícias dele. 62, 51
Amor – satisfação com o ambiente em que vive. Sucesso em seus negócios e libertação da ansiedade. 75, 69
Amputação – esse sonho denota perda de propriedades, especialmente relacionadas a negócios. 10, 88
Anchova – problemas e dificuldades estão prestes a aparecer. 27, 92
Andaime – muitas frustrações no amor. Caso sonhe que está descendo de um, você cometerá uma ofensa em termos legais e deverá pagar por isso. 13, 8
Andar – andar por locais agradáveis indica boa sorte e favores de pessoas importantes. Caminhar à noite quer dizer que, em breve, você terá momentos de azar. 91, 25
Andar de táxi – você tentará manter segredos escondidos de seus amigos. Se você estiver dirigindo um táxi, realizará trabalho manual com poucas chances de progresso. 13, 72
Anel – usar anéis revela novos negócios bem-sucedidos. 33, 71
Animais – sonhar com eles é um bom presságio para amantes e indica um casamento feliz. 14, 44
Aniversário – esse é um presságio de pobreza e má sorte tanto para os jovens quanto para os mais velhos. 58, 80
Anjo – o sonho profetiza que você receberá boas notícias. Se o anjo não se aproxima de você é um aviso de que você deveria mudar seu estilo de vida. Tome cuidado com os perigos. 14, 65
Ano Novo – prosperidade inesperada e casamento feliz. 77, 10
Ansiedade – curiosamente, é um bom presságio de que ameaças ou dificuldades serão superadas pelo sonhador. 22, 38
Antiguidades – esse sonho prevê uma vida longa e feliz para você e aqueles a quem você ama. 99, 10
Anúncio – sonhar que está lendo um significa estar correndo perigo de ser vencido por inimigos. 27, 64
Aparência – se o vestuário é bonito e limpo, as tarefas do sonhador serão cumpridas com sucesso. Se estiver sujo ou em trapos, pobreza e doença estão próximas. A cor das roupas que aparecem no sonho tam-

bém são muito importantes, já que simbolizam o estado de espírito do sonhador. Cores alegres e vibrantes revelam pensamentos positivos e otimismo. Cores turvas ou escuras significam pessimismo e ansiedade. 4, 13
Aparição – cuide de seus filhos e de todos que dependem de você. Esse tipo de sonho pode indicar que eles estão em perigo. 20
Apartamento – tome cuidado com discussões familiares. 33, 41
Aplauso – tenha consciência da vaidade e da arrogância; elas podem lhe causar problemas. 86, 15
Aposta – esteja atento a todas as novas tarefas para que não tome uma decisão errada. 66, 36
Aprendiz – servir como aprendiz significa que você tem de se esforçar ao máximo para alcançar um lugar entre seus colegas. 1, 36, 46
Ar – se o ar está claro, logo você terá boa sorte e fortuna. Se ele exalar um cheiro bom, logo terá sorte em assuntos amorosos. Um ar turvo ou sujo prediz má sorte ou doença. 79, 18
Árabe – esse sonho prognostica sucesso nos negócios e viagens para terras estrangeiras. Revela ainda inimigos perigosos e traições. 66, 37
Arado – sucesso inusitado em todos os seus projetos. 32, 75
Aranha – seu trabalho árduo resultará em boa sorte inquestionável. Teia de aranha indica segurança na família. 77, 12
Arca – você estará cercado por abundância e alegria. 55, 19
Arcebispo – você encontrará muitos obstáculos em sua caminhada para o sucesso mas conseguirá superá-las. 2, 7, 34
Arco – você conquistará fama e distinção por meio de bastante trabalho e determinação. Caso passe por um será solicitado por aqueles que fizeram pouco caso de você no passado. Um arco caindo significa esperanças destruídas. 17, 39
Arco e flecha – dificuldades em fazer com que os outros executem suas instruções, com resultados terríveis. Se você atingir um alvo, superará todos os problemas e terá muitos ganhos financeiros e pessoais. 9, 76
Arco-íris – sucesso e alegria em todos os seus projetos e eventos inusitados que lhe trarão felicidade. 42, 56
Areia – um presságio de fome e pobreza a caminho. 11, 63
Areia movediça – você encontrará pessoas que o decepcionarão e sofrerá perdas como resultado. 28, 73
Armadilha – se você sonhar que está preso em uma, será vencido pelos inimigos. Ver uma armadilha vazia revela azar em um futuro próximo. 24, 71
Armas de fogo – brigas violentas e desagradáveis que podem trazer muita dor e sofrimento. 49, 6
Armazém – um novo empreendimento que será bem-sucedido. Se o

armazém estiver vazio, cuidado para não ser enganado em algo que você está planejando cuidadosamente. 12, 58
Aroma – para uma mulher, isso representa que ela logo conquistará o amor de um homem elegante e fino. Para o homem, indica prazer e satisfações pessoais. 77, 55, 9
Arpão – você terá uma vida familiar feliz e muito conforto na idade madura. 76, 5
Arquiteto – uma mudança nos negócios pode resultar em perdas. Para a mulher, esse sonho revela que ela não terá sucesso em seus planos de casamento. 4, 8, 48
Arranhadura – tome cuidado com inimigos tentando destruir bens pessoais e lhe causando problemas. 16, 92
Arrombamento – você tem inimigos perigosos com os quais se confrontar. Se sua casa estiver sendo arrombada, sua posição na comunidade será ameaçada mas você triunfará no final. 28, 64
Arroz – sucesso e amizades calorosas estão por vir. Comê-lo indica uma vida familiar feliz e prosperidade em geral. 77, 53
Articulação – você ama alguém que não lhe ama. 23, 95
Artista – sucesso em suas questões devido a bom gosto e diplomacia. 6, 96, 14
Árvore de Natal – Muitas ocasiões felizes e boa sorte estão por vir. 6, 22
Árvores – árvores verdes prognosticam esperanças e desejos realizados. Subir em uma árvore revela que prestígio e distinção chegarão até você. 17, 63
Asas – sonhar que se tem asas quer dizer que você temerá pela segurança de alguém amado que está longe. Sonhar com as asas de um pássaro indica que você passará por problemas em breve, mas após fazer alguns esforços será bem-sucedido. 55, 9
Ásia – anuncia mudanças, mas sem benefícios materiais. 62, 97, 4
Asilo – doenças e desempenho ruim nos negócios. 44, 82
Asno – se você estiver carregando um peso, você triunfará após muitas dificuldades. Tenha cuidado para não ser usado pelos outros. 31, 8, 72
Aspargos – ambientes prósperos e crianças obedientes. Se os estiver comendo, muito sucesso no trabalho.
Assado – um sonho ruim para uma mulher, o qual anuncia gravidez, frequentemente indesejada. Presságio de pobreza e má sorte. 12, 10, 1
Assaltante – sonhar com um assaltante significa que você encontrará algum objeto que considerava perdido. 17, 20
Assalto – você receberá um presente inesperado. 90, 63
Assassinato – muita tristeza causada por maldades de outros. Um

mau presságio que prevê fraude, desonras e azar em geral. 88, 94
Assassino – se você for a vítima não terá sucesso no seu empreendimento. Esse sonho é um aviso de perdas devido a inimigos ocultos. 88, 94, 13
Assento – segurança e proteção na vida. 17, 84
Assistência – se no sonho você está prestando assistência, significa que terá sucesso em seus esforços para alcançar uma posição de destaque. Se ela está sendo dada a você, quer dizer que, em breve, terá a ajuda de amigos queridos. 76, 5, 59
Assobio – más notícias lhe farão mudar agradáveis planos. Se você sonhar que está assobiando, desfrutará muitos momentos de prazer. 75, 39
Astrologia – seu futuro está cheio de sucessos inesperados. 19, 90
Atlas – olhar para um revela que você estudará cada proposta cuidadosamente antes de tomar uma decisão. 79, 9, 14
Atleta – você enfrentará muitas discussões familiares. Não deixe que elas lhe entristeçam ou chateiem, uma vez que são passageiras. 29, 41, 1
Ator ou atriz – ver tanto um quanto o outro em um sonho significa que momentos de prazer estão por vir. Se estiver apaixonado por um deles, significa receber uma boa quantia em dinheiro. Caso o ator ou a atriz estejam mortos na vida real, você enfrentará momentos difíceis logo. 14, 36, 52
Aura – esse sonho mostra falta de descanso intelectual e o desejo de encontrar a paz interior. 9, 11, 71
Austrália – uma mudança total em sua vida deve estar surgindo logo. 37, 52, 9
Automóvel – caso você esteja dirigindo um, está no controle de sua vida. Se alguém está dirigindo e você está no banco do carona, isso quer dizer que, de alguma maneira, essa pessoa controla a sua vida.
Autor – se o autor sonha que seu manuscrito está sendo aceito por um editor, significa que após algum esforço o trabalho será aceito e publicado com muito sucesso. 69, 73, 7
Avelã – alegrias e favores de pessoas importantes. 1, 82
Avental – muito prazer está guardado para você juntamente com boas notícias. Para uma mulher, é indicação de casamento próximo. 4, 26
Aventura – revela a vontade de viajar, de ver novos rostos e fazer coisas novas. Mudanças de natureza positiva estão a caminho da vida do sonhador.
Avestruz – você construirá uma enorme fortuna em segredo e também deve se envolver em intrigas ilícitas com mulheres. 63, 28
Avião – experiências inusitadas e boa sorte a caminho. 86, 75
Avós – dificuldades que você vencerá ao seguir conselhos sólidos de um amigo ou familiar sábio. 54, 6

Azeitonas – sucesso nos negócios e surpresas felizes. Comê-las indica contentamento e amigos fiéis. 45, 62
Azul – você terá bastante sucesso por meio do esforço de outros. 62, 53

B

Bacharel – para homem o sonho revela dificuldades com as mulheres. Para mulheres, que elas terão um *affair* com um homem casado. 13, 2, 86
Bacon – sonhar que o está comendo significa boa sorte para você e todos aqueles ao seu redor. Um sonho com um bacon rançoso revela percepção e sorte ruim. 33, 9, 2
Bagagem – tarefas e obrigações desagradáveis. Se você carrega a bagagem, terá grandes sofrimentos e problemas em sua vida. 27, 49
Baionetas – você estará em perigo de ser desafiado por inimigos, a não ser que esteja segurando a baioneta. Nesse caso, suas chances de sucesso são maiores, embora você ainda esteja enfrentando os mesmos perigos. 76, 48
Bala de hortelã – muitos prazeres e atividades agradáveis. 35, 59
Balão – esperanças não realizadas. Falhas em todos os tipos de negócios. 33, 71
Balcão/sacada – esse sonho anuncia separação de amantes e também notícias ruins para amigos e parentes. 8, 61
Balde – um balde vazio significa colheita com pouca fartura. Um balde cheio de leite indica boas perspectivas e amigos leais. 65, 29
Balé – infidelidade em sua vida de casado, seja da sua parte ou da outra pessoa. Brigas entre amantes. 15, 6
Baleia – ver uma significa muitos problemas à vista e a ameaça de perda de propriedade. 18, 65
Balsa – se atravessar em uma e a água for clara, você terá sucesso em todos os seus planos. Se a água for turva ou turbulenta, você terá problemas em realizar seus planos em virtude de competição. 41, 62
Banana – esse sonho anuncia uma escolha infeliz do parceiro de casamento. Brigas na vida conjugal e más decisões financeiras. 29, 6
Banco – se vir guichês de caixas vazios, você irá sofrer perdas financeiras. Se um caixa lhe dá dinheiro, seus negócios irão prosperar. Se vir uma grande quantidade de dinheiro em um banco, você alcançará muita riqueza e prosperidade. 88, 70
Banco (assento) – se você se sentar em um banco, não confie em devedores e em determinado amigo próximo. Se outros se sentam em um banco, haverá reuniões felizes com amigos dos quais o sonhador foi separado em virtude de desentendimentos. 93, 71

Bandeira – a bandeira nacional denota vitória se o país estiver em guerra, e prosperidade se ele estiver passando por um período de paz. Uma bandeira estrangeira indica alianças quebradas entre nações. 72, 14
Banheiro – sua timidez pode lhe causar muitas perdas nos negócios e assuntos em geral. 71, 62
Banho – se a pessoa que sonha for jovem, ele ou ela está bastante encantado com alguém que não é totalmente receptivo a seus sentimentos. Se quem sonha é uma mulher grávida, esse sonho alerta contra um possível aborto. Um banho quente é uma indicação de influências negativas perto daquele que sonha. 87, 17, 4
Banjo – muitos períodos de diversão e de prazer estão por vir. 35, 2
Banquete – um bom sonho indicando que seus amigos virão para ajudá-lo quando você precisar deles. Se estiver partilhando de um banquete, você terá grandes ganhos em seus negócios e muita felicidade e sucesso em todos os aspectos de sua vida. 21, 9, 1
Bar – estar presente em um bar significa envolvimento em um esquema ilegal e de origem duvidosa para ganhar dinheiro. 83, 96
Baralho – se você estiver jogando baralho, se dará conta de suas esperanças, mas apenas se não estiver jogando para ganhar. Se estiver apostando, você passará por sérios problemas financeiros. 65, 42
Barba – você terá dificuldades financeiras. Para uma mulher, esse sonho alerta contra um casamento imprudente. 78, 58
Barbear-se – você terá sucesso em seus projetos profissionais. 97, 2
Barbeiro – sucesso e boa sorte virão após trabalho árduo. 7, 41
Barco – você alcançará todos os objetivos de sua vida, desde que o barco navegue em águas claras. Se a água for instável, mudanças infelizes ameaçam a pessoa que sonha. 98, 80
Barco salva-vidas – você escapará de um mal ameaçador. Se o barco afundar, seus próprios amigos lhe causarão muitas agonias. 56, 78
Barraca – mudanças em seus negócios. 76, 43
Barriga – ver uma barriga inchada indica uma séria doença. Uma barriga saudável denota desejos não muito bons para você. 68, 88
Barril – se o barril estiver cheio, você disporá de ótima saúde. Se estiver vazio, a pobreza poderá ser seu destino. 87, 38
Barro – escavar barro significa que você terá de se submeter a demandas extraordinárias por parte de um inimigo. Esse sonho é um péssimo presságio para relações amorosas. 52, 14
Bastão – você trabalhará bastante e por um longo período, mas irá finalmente se deparar com o sucesso. 74, 80
Batalha – luta contra conflitos pessoais, mas com sucesso em algum momento. Se você é desafiado para uma batalha, isso significa que sofrerá pelos erros dos outros. 36, 98

Batata – sucesso e ganhos substanciais. 37, 51
Batedor de carteira – alguém o ameaçará e lhe causará problemas e perdas. 28, 16
Batida – notícias sérias estão por vir. 36, 42
Batismo – uma chamada para a prudência e mais moderação em seus hábitos usuais. 81, 11, 90
Baú/mala de viagem – viagens e má sorte a caminho. Se você empacotar uma mala, logo estará em uma viagem muito agradável. 18, 70
Bebê – se o bebê estiver chorando, doenças e frustrações estão a caminho. Um bebê feliz significa amor em retorno e vários amigos amáveis. Se você está amamentando o bebê, significa que traição e decepção virão daqueles que você mais ama. 8, 54, 37
Bebida – beber água limpa denota prazeres simples que trarão muita alegria a quem sonha. Beber licor até que alguém se embriague significa falta de autocontrole e perigo de acidentes. 54, 89
Beijo – se você beijar alguém no sonho, obterá algumas honras e riquezas e será muito amado por amigos e familiares. 4, 21
Beisebol – você será bastante popular entre seus amigos em virtude de seu jeito calmo e encantador. 31, 97
Beleza – prazeres e satisfação em seus negócios. Uma criança bonita prevê uma união feliz. 77, 55
Bengala – você dependerá amplamente de outros para apoiá-lo e ajudá-lo. Se vir outros usando bengalas, você trabalhará em vão na busca por riqueza. 68, 39
Bens – se você sonha que possui muitos bens materiais, logo alcançará posições altíssimas por meio de muito trabalho. 91, 35
Berço – se estiver ocupado por uma bela criança, significa prosperidade e boa sorte. Se você balançar seu bebê, significa doenças sérias na família. 54, 61
Besouros – você deparará com má sorte, porém irá superá-la mais cedo ou mais tarde e aproveitará algum sucesso financeiro. 10, 72
Bexiga (órgão do corpo) – sucesso e alegrias vindouros. 7, 90
Bezerros – se os bezerros estiverem pastando em um campo verde, haverá muitos encontros felizes à sua volta e muita satisfação lhe está reservada. Riqueza e prosperidade ocorrerão em breve. 16, 25
Bíblia – algum acontecimento inesperado lhe trará muita felicidade e paz mental. 99, 75
Biblioteca – estar em uma biblioteca indica que você sofrerá uma decepção e ficará descontente em seu ambiente, e procurará por estudos especiais para trazer novos interesses para sua vida. 24, 3
Bicicleta – você deparará, em breve, com uma importante decisão.

Se você conduzir a bicicleta ladeira abaixo, fique atento a escândalos e problemas de saúde. Se a conduzir ladeira acima, você deparará com chances excelentes. 62, 7, 25
Bigode – usar bigode indica egoísmo e traição. 71, 2
Bigorna – se a bigorna estiver sendo usada e saindo faíscas, significa discussões e problemas entre colegas de trabalho. Caso contrário, prognostica um trabalho prazeroso e muito sucesso para as mulheres. Uma bigorna quebrada significa oportunidades desperdiçadas. 35, 37, 53
Bijuteria – você terá deleite e riqueza. Se estiver usando bijuterias, isso denota que você atingirá alta posição em sua vida. 77, 68
Bilhar – problemas aparecerão em breve. Processos e difamações irão lhe causar muito sofrimento. 83, 80
Biscoitos – fará uma viagem que se mostrará lucrativa para você e para os seus amigos e familiares. 61, 46
Bispo – grandes preocupações mentais e negociações complicadas. Trabalho pesado e muitos problemas de saúde. 60, 16
Blasfêmia – má sorte e problemas em todos os seus negócios.
Bocejo – insatisfação com sua vida em geral. 80, 48
Boi – sonhar com um revela que você tende a se tornar um líder em sua comunidade. E também há a possibilidade de um casamento em um futuro próximo, caso o boi que apareça no sonho esteja preso a outro. 55, 37
Bola – sonhar com uma bola significa que você terá vários amigos que gostarão sinceramente de você e o respeitarão. Um tempo bom se aproxima. 99, 1
Boliche – você realizará seus mais profundos desejos. 19, 10
Bolo – suas afeições estão no lugar certo; seu amor prosperará e encontrará a felicidade. Além disso, alguém lhe deixará uma casa por vontade própria. Boa sorte em todos os empreendimentos, contanto que o bolo não seja de casamento. Se for, sua sorte se encaminhará para o pior. 58, 94
Bolota[2] – esse sonho prediz muito alegria e sucesso para o sonhador. Ganhos e plenitude devem estar a caminho logo. Comê-las indica deixar uma posição obscura para obter autoridade e fama. 19, 97
Bolsa – uma bolsa cheia de dinheiro e joias indicará que muita felicidade, harmonia e amor serão seus. 73, 29
Bolso – intenções malignas planejadas contra você. 67, 83
Bomba de ar – muita energia que resulta em sucesso nos negócios. 38, 44
Boné – você participará de festividades. Qualquer boné esportivo indica uma percepção leve da vida que lhe ajudará muito. 50, 25

---
2 Fruto do carvalho (N. T.).

Boneca – atente-se a relações amorosas leves. Você pode criar problemas tanto para você mesmo quanto para outras pessoas. 38, 54
Borboleta – esse sonho indica prosperidade e boa sorte. Se você as vir voando, denota notícias agradáveis de amigos ou parentes distantes. Para uma mulher, prediz um amante fiel que será um bom marido. 55, 75
Bordel – você encontrará dificuldades devido a favores materiais. 43, 14
Borracha – usar roupas de borracha indica que sua honestidade e integridade serão colocadas à prova. Ver objetos de borracha significa negócios secretos e uma vida reservada. 14, 8
Borrar-se (com tinta) – derramar tinta indica sofrimento causado pela inveja de outros. Ver tinta indica rivais perigosos e negociações infelizes. 18, 77
Bosque – mudanças positivas em sua vida se o bosque for verde, e negativas, caso no sonho ele esteja seco ou com pouca folhagem. Madeira queimando indica que seus planos sairão exatamente como você planejou. 12, 45
Botas – calçá-las significa que você terá boa sorte em seus negócios. Se as botas estiverem velhas ou desgastadas, você deparará com problemas de saúde e perigos. Se outra pessoa usar as botas, alguém tomará seu lugar no coração do seu amor. 57, 27
Bote a remo – você aproveitará a companhia de vários amigos queridos se consegue se ver em um bote com outras pessoas. Se o bote vira de cabeça para baixo, indica perdas nos negócios. 57, 38
Botões – se os botões forem brilhantes, esse sonho denota o afeto e respeito de um parceiro atraente e rico. Se eles forem opacos e enferrujados, significa problemas de saúde e perdas estáveis. Perder um botão anuncia perdas nos negócios. 10, 35
Braço – problemas e interferências externas em problemas de casal. Tenha consciência de que traição, falsidade e decepção por parte daqueles ao seu redor estão a caminho. 16, 8, 90
Briga – você terá encontros desagradáveis com rivais nos negócios e no amor, e poderá enfrentar processos judiciais. Se for derrotado em uma briga, você perderá posses de valor. Se vencer a briga, esses maus presságios serão anulados. 7, 57
Brinco – boas notícias e um trabalho interessante estão por vir. 20, 6
Brinquedos – uma vida familiar feliz se sonhar com brinquedos novos. Se eles forem velhos ou quebrados, você viverá com pesar. 71, 68
Brisa – se a brisa for suave, você usufruirá respeitabilidade e admiração de outros. Se a brisa é fétida, fique atento a problemas de saúde e a trapaças. Falta de ar significa perda de oportunidades. 31, 63

Bronquite – perspectivas pouco estimulantes estão a sua frente. Também prevê contratempos devido a problemas familiares. 68, 96
Bronze – uma estátua de bronze revela que você não será bem-sucedido na tentativa de conquistar o amor da pessoa amada. Caso a estátua se mova, isso quer dizer que você terá um romance com essa pessoa, porém não se casará com ela. Ver esse metal significa negócios desestabilizados. 73, 62
Bruxa – tome cuidado com seus negócios e vida doméstica. 14, 68
Buquê – um belo e reluzente buquê denota herança de um parente desconhecido e rico. Se as flores estiverem secas, o sonho significa morte e doença. 85, 56
Buraco – você logo passará por uma longa jornada. 91, 23
Buraco da fechadura – esse sonho prevê ciúmes e brigas. 8, 43
Burro – se ele zurrar, você será insultado por uma pessoa que não vale a pena. Se andar nas costas de um burro, viajará para terras distantes e terá muitas aventuras. 32, 47
Bússola – perda e decepção se a bússola estiver apontada de maneira distorcida. Prosperidade se for usada a bordo de um navio. 99, 4

C

Cabana – saúde debilitada e insatisfação em suas relações. 87, 14
Cabeça – se vir sua própria cabeça, você terá de lidar com problemas intensos. Se enxergar cabeças de outras pessoas e elas forem belas e bem formadas, você encontrará pessoas importantes e reconhecidas que podem lhe ser de grande ajuda. Uma cabeça decepada denota desapontamentos amargos na vida. 87, 35
Cabeleireiro – indiscrições nas relações amorosas que podem ser descobertas e que podem trazer danos à sua reputação. 4, 37
Cabelo – penteá-los significa perdas em relações pessoais, causadas por falta de cuidado da própria pessoa que sonha. Cabelo se tornando ralo indica pobreza em virtude de gastos excessivos. Cabelos cheios e elegantes indicam uma vida de felicidade e prosperidade. 9, 55
Cabina – alguém está conspirando contra você. É possível que você esteja envolvido em um processo judicial custoso. 30, 73
Cabo – você empreenderá trabalhos arriscados que em algum momento resultarão em muita riqueza e felicidade. Se receber um cabograma, logo receberá notícias desagradáveis. 49, 11
Cabra – tempo agradável e boas colheitas. Se ela atacá-lo, atente-se a

concorrentes nos negócios. 63, 16
Caça – você lutará para obter o impossível, a não ser que encontre e apreenda sua caça. Nesse caso, você encontrará alegria. 1, 90
Cachimbo ou cano – cano de esgoto, de gás ou de qualquer outro tipo prognostica muita prosperidade em sua comunidade. Fumar um cachimbo significa que você receberá a visita de um velho amigo. 14, 36
Cachoeira – você alcançará seus maiores desejos. 51, 70
Cachorros – um cão agressivo indica inimigos e má sorte. Se ele for amigável e lamber sua mão, você conquistará ganhos e amigos sinceros. 32, 43
Cadafalso[3] – se você estiver em um, sofrerá nas mãos de pessoas maliciosas. Se um amigo sofrer esse destino, você deve estar calmo na emergência que se aproxima para que possa controlar a situação. 15, 3
Cadarço – você terá dificuldades com um inimigo que tem como amigo. 14, 24
Cadáver – más notícias de entes queridos distantes. Ver-se em um caixão indica problemas para aquele que sonha. 89, 40
Cadeado – confusão e dúvida. No amor, significa que você encontrará os meios para superar um rival. Se você não conseguir abrir um cadeado, sofrerá perdas e dores severas. 91, 65
Cadeia – alguém lhe pedirá para conceder privilégios a pessoas que você não considera merecedoras. Use seu melhor julgamento. 26, 56
Cadeira – você não será capaz de realizar uma tarefa importante. Se vir alguém sentado sem se mover em uma cadeira, logo você saberá da morte dessa pessoa. 8, 71
Cadeira de balanço – se no sonho alguém está se balançando nela, você aproveitará um tempo de felicidade em casa, no amor e nos negócios. Se a cadeira de balanço estiver vazia, ela anuncia separação e tristeza. 77, 9, 12
Café – bebê-lo denota a desaprovação de seus amigos sobre suas intenções relacionadas a matrimônio. Se for casado, desacordos e confrontos estão por vir. Ver café moído quer dizer sucesso em suas lutas contra problemas. 32, 6
Café da manhã – ver um café da manhã significa notícias rápidas e favoráveis. Tomar o café da manhã significa que você poderá cair em uma armadilha em breve. 23, 47
Caixa – muitos prazeres em virtude de viagens desde que a caixa não esteja vazia. Se ela estiver, fique atento a decepções. Uma caixa cheia de dinheiro indica uma aposentadoria agradável e precoce. 75, 91
Caixa-forte – luto e azar. Tome cuidado com aflições ao seu redor. Caso a sua esteja cheia com seus pertences, você ganhará uma verda-

---
3 Lugar de execução da pena de morte (N. T.).

deira fortuna, para surpresa de muitos. 11, 79

Caixão – para fazendeiros, esse sonho prevê colheitas destruídas e gado debilitado. Para homens de negócios, denota acúmulo de dívidas. Mortes podem ocorrer logo após esse sonho, mas a determinação pode vencer outros maus presságios. 66, 14

Calças compridas – tentações para cometer erros que poderiam resultar em desonra. 72, 58

Calculadora – você tem um inimigo escondido. 98, 82, 11

Caldo de legumes – esse sonho revela a sinceridade de seus amigos. Eles o ajudarão de qualquer forma. Significa também que você vivenciará um romance duradouro e feliz, ou que você controlará a sua vida e de outra pessoa. 9, 12

Caleidoscópio – mudanças rápidas com pouca promessa de melhora. 4, 32

Calendário – você deve organizar seus negócios com maior cuidado, pois muitas mudanças imprevistas estão a caminho. 71, 34

Caligrafia – cuidado com o que diz em público, pois tudo pode ser usado contra você por pessoas mal intencionadas. 62, 88

Calor – impossibilidade de levar adiante seus planos da forma que você esperava. 51, 18

Calos – se sonhar que tem calos e que eles doem, atente-se a inimigos que estão minando-o. Se remover seus calos, você receberá uma grande herança. 57, 20

Cama – você estará diante de uma mudança de residência em breve. Se a cama for clara e estiver com aparência de limpa, você em breve resolverá os problemas que mais o inquietam. 32, 14

Camafeu – eventos tristes logo ocorrerão em sua vida ou na vida de alguém próximo. 62, 49

Camarão – muito em breve você fará uma viagem agradável. 44, 72

Camelo – você encontrará paciência e força para ultrapassar dificuldades próximas. Sonhar que tem um camelo indica que você desfrutará de muita riqueza por meio de uma propriedade de mineração. 62, 49

Câmera – tirar fotos com alguém indica decepção com um amigo próximo. 29, 56

Caminho – sonhar que você está andando por um caminho estreito ou rochoso significa que logo você enfrentará adversidades. Se os caminhos estiverem cobertos por rosas, logo se libertará de um amor opressivo. 99, 5

Camisa – flertes e passatempos fúteis. 54, 71

Camiseta – um presságio ruim, azar e infelicidade em geral. Se a camiseta estiver suja, tome cuidado com doenças contagiosas. 58, 90

Campanha – sonhar com uma campanha política significa originali-

dade de pensamento e determinação para obter sucesso, além de indicar vitória sobre oponentes. 7, 81
Campo – ver campos verdes cheios de frutas denota abundância em tudo. Campos secos ou sem vida indicam perspectivas limitadas. 15, 29
Cana – se vir uma cana crescendo em seu sonho, você não terá dificuldades em acumular grande fortuna. 42, 61
Canal – se as águas do canal estiverem turvas, o sonho indica doenças e problemas estomacais. Águas limpas sinalizam uma vida feliz e pacífica a caminho. 36, 83
Canário – ouvir um canário cantar prevê prazeres e alegrias inesperados na vida. Quando uma pessoa jovem sonha que tem um canário, isso denota honras acadêmicas e carreira literária. Se o canário morre, significa infidelidade de amigos próximos. 18, 73
Câncer – se a doença for curada no sonho, você sairá da pobreza e atingirá grande riqueza. Se o câncer não for curado, o sonho denota a doença de alguém próximo a você e brigas com entes queridos. 63, 40
Candelabro – sucesso inesperado permitirá que você atinja seus sonhos mais irreais. Se o candelabro estiver quebrado ou sujo, você realizará especulações imprudentes que lhe custarão muito dinheiro. 22, 80
Caneta – ocupações favoráveis que trazem excelente remuneração. 62, 2
Canguru – ver um canguru indica que você superará um inimigo que tenta destruí-lo. 43, 28
Canhão – tanto sua casa quanto seu país está sob risco de invasões ilegais e possivelmente uma declaração de guerra. Em geral, esse sonho indica luta e derrota. 82, 60
Canoa – se você rema uma canoa em águas calmas, terá suficiente autoconfiança para triunfar em objetivos comerciais. Se estiver na companhia de seu amante, você logo se casará e terá uma união feliz. Águas turvas ou turbulentas indicam conflitos que podem ser difíceis de serem superados. 54, 47
Cantar – boas notícias de alguém que está longe e a companhia de amigos queridos. 37, 84
Canto – se você estiver escondido em um canto, o sonho é um mau presságio, prevendo tristezas e perigos que estão por vir. Atente-se a alguém em quem você confia e que é um amigo falso. 9, 31
Cão-de-lareira[4]– bons desejos dos amigos enquanto a chama da lareira estiver acesa. Se a lareira estiver vazia, o sonho denota morte e perda de propriedade. 34, 43
Capacho – você deparará com dores e muitas preocupações. 21, 70
Capitão – ver um capitão em um sonho denota que você perceberá

---
4 Peça de metal colocada em frente à lareira impedindo que a fumaça se espalhe (N. T.).

suas mais nobres aspirações. Se uma mulher tiver esse sonho, ela será a vítima de muita inveja e rivalidade. 72, 49
Capote – experiências infelizes devido a erros alheios, caso no sonho você esteja pegando um capote emprestado. Caso você se veja utilizando um ou vendo um que seja muito bonito, isso significa que logo seus desejos serão realizados. 7, 28
Capuz – vesti-lo significa que você se comportará de maneira descabida. 8, 69
Caracol – condições pouco saudáveis ao seu redor. 18, 45
Caranguejo – dificuldades em relações. Também uma longa e dificultosa fase para amantes. 2, 22
Careca – sonhar com um homem careca significa que você terá problemas com pessoas trapaceiras nos negócios. Caso seja um homem e sonhe com uma mulher careca, você terá problemas com uma esposa briguenta; se for uma mulher, dominará seu marido. 10, 97
Carnaval – você logo se envolverá em algum passatempo ou recreação incomum. Se estiver usando máscaras, haverá brigas em casa e você terá de lidar com amor platônico. 78, 61
Carne – carne crua indica muita preocupação e falta de estímulo em sua carreira. Carne cozida significa que outros alcançarão o que você deseja. 5, 19
Carne-assada – problemas em casa e falsidade entre os amigos. 22, 76
Carne ensopada com legumes – você terá ganhos nos negócios. 12, 7
Carne picada – comê-la significa que tristeza e tormentos estão a caminho. Saúde ruim causada por preocupações, além de uma leve inveja e prazeres vazios. 11, 8
Carne vermelha – fique atento a acidentes, contusões e arranhões. Carne sangrando ou crua é aviso de perigo de um tumor cancerígeno. Se a carne estiver cozida, muita aflição e sofrimento, com a possibilidade de perda da vida em eventos trágicos. Se a carne for servida agradavelmente e em boa companhia, esses maus presságios são anulados e o sonho então significa harmonia no amor e nos negócios. 77, 88
Carneiro – má sorte e problemas à frente. 15, 6
Carona – é o presságio de doença e maus negócios. 69, 18
Carpete – ver um carpete indica lucros e amigos com riquezas. Caminhar por um significa que você terá prosperidade e felicidade. 48, 72
Carpinteiro – você trabalhará em um negócio honesto, embora humilde, mas obterá sucesso em fazer uma pequena fortuna. 33, 40
Carregador de caixão – você terá problemas contrariando pessoas importantes, como amigos. 73, 24
Carro fúnebre – brigas em casa e problemas nos negócios. Se ele cru-

zar seu caminho, você enfrentará um inimigo perigoso. 13, 46
Carruagem – você realizará muitas visitas. Se estiver andando em uma carruagem, passará algum tempo doente, mas não será uma enfermidade séria. 98, 10
Carta – se você sonhar que está recebendo uma carta agradável, em breve deparará com muita felicidade. Se você receber más notícias, terá problemas e possivelmente uma doença com a qual lutar. 72, 34
Cartão de dia dos namorados – enviar um significa perder oportunidades de enriquecer. Receber um significa um parceiro de união fraco mas apaixonado. 44, 82
Carteira – responsabilidades agradáveis que você adorará cumprir. 10, 53
Carteiro – notícias desagradáveis podem estar a caminho. 33, 7
Cartucho – brigas infelizes e desacordos. Um destino incomum espera por você ou por alguém próximo. 38, 58
Carvalho – muita prosperidade em todos os aspectos da vida. 32, 94
Carvão – se o carvão não estiver queimando, pobreza e infelicidade estão por perto. Se ele estiver vermelho e em chamas, sua vida terá sucesso que ultrapassará todas as suas maiores expectativas no futuro próximo. 99, 7
Casa – uma casa nova indica uma mudança de residência e de negócios profissionais. Se a casa for velha e dilapidada, você terá perdas nos negócios e saúde debilitada. 65, 38
Casa de penhores – entrar em uma indica perdas e frustrações. Recuperar uma cautela de penhor significa que logo você recuperará uma posição perdida. 76, 22
Casaco – ver um casaco novo denota honras literárias. Perder seu casaco significa que você terá de reconstruir suas riquezas após perdê-las por má administração. Um casaco velho e rasgado denota a perda de um amigo. 8, 27
Casamento – ver alguém se casando anuncia muito prazer no futuro. Se você estiver se casando, receberá notícias desagradáveis de alguém distante. 67, 16
Castanhas – riqueza e boa sorte estão em seu caminho. Mesmo assim, há a chance de serem seguidas por infelicidade. 61, 76
Castelo – se estiver em um, você terá riqueza suficiente para satisfazer todos os seus desejos. Você viajará extensivamente e conhecerá pessoas de muitas nações. 6, 50
Catedral – você buscará o inatingível. Se entrar na catedral, você alcançará coisas boas e desfrutará da companhia de amigos sábios e fiéis. 88, 1
Cativeiro – seus problemas atuais logo serão resolvidos e seguidos por felicidade. 78, 41, 20

Cauda – ver o rabo ou a cauda de um animal indica amolações onde era esperado o prazer. 17, 62

Cavalo – se cavalgar em um cavalo bonito e saudável, você terá aumento de sorte e gratificação de seus desejos. Ver cavalos denota sucesso e vida boa, além de uma grande paixão. 15, 90

Caveira – brigas domésticas e dificuldades. Tenha consciência de problemas nos negócios. 78, 49

Caverna – muitas dúvidas lhe causarão confusão e perturbarão seus julgamentos. Trabalho e saúde física estarão ameaçados. Se você entrar em uma, pode esperar por mudanças inesperadas em sua vida. Você provavelmente será separado daqueles que ama e terá dificuldades em encontrá-los novamente. 60, 3

Cebola – inveja e malevolência ao seu redor devido a algum sucesso que você possa alcançar. Comê-la significa sucesso em todos os seus empreendimentos. 31, 67

Cegueira – se você é cego no sonho, está sentindo falta de boas oportunidades de negócios em virtude de um mau julgamento. Além disso, alguém está tirando vantagem de sua boa vontade. Se outra pessoa é cega, alguém lhe dará um conselho. 12, 54

Cela – seria melhor manter segredo por um período curto, pois você pode precisar de tempo para tomar uma decisão importante. 8, 44

Celeiro – se o celeiro estiver cheio de grãos e com animais saudáveis por perto, você pode esperar grande prosperidade e felicidade. Se o celeiro estiver vazio, você deparará com problemas financeiros e falta de fundos. 44, 68

Cemitério – alguém se recuperará de uma doença desesperadora. Se o cemitério for antigo e abandonado, seus entes queridos o deixarão. Para uma noiva, esse sonho significa viuvez. 80, 31

Cenoura – observar uma cenoura atrai prosperidade e boa saúde. Se você comê-la, é sinal de um casamento prematuro com uma pessoa gentil e amável. 55, 2

Cérebro – se vir cérebros de animais, você poderá deparar com aflições mentais. Se você observar seu próprio cérebro, estará infeliz em seu meio próximo. Se você está comendo o cérebro, ganhará conhecimento e benefícios disso. 43, 27

Cereja – você ganhará popularidade por sua boa vontade e gentilezas com outros. Comê-las significa possuir um objeto muito desejado. 63, 51

Cerveja – se você bebe cerveja em um bar, terá muitas decepções. Se outros a bebem, inimigos ocultos estão planejando sua derrocada. 62, 18

Cervo – bons amigos o ajudarão. Matar um cervo indica que você está cercado por pessoas traiçoeiras. Caçar um cervo denota perdas

no amor. 70, 34
Cesto – se vir ou carregar um cesto, você encontrará bastante sucesso, desde que ele esteja cheio. Um cesto vazio, entretanto, indica que dificuldades se aproximam. 66, 70
Cetro – manejar um quer dizer que você será escolhido para ocupar posições de responsabilidade e muito mérito, o qual ocupará de forma honrosa. Se no sonho outros o tiverem manejando, você trabalhará em posição inferior a algumas pessoas.
Céu – muitas honras e amigos notáveis. Caso o céu esteja claro, muito prazer; caso ele esteja cinza, você não verá seus sonhos serem realizados. 51, 89
Chaleira – há muito trabalho duro pela frente. Se a chaleira estiver cheia de água fervente, suas lutas irão, em breve, terminar em vitória. 6, 81
Chaminé – um incidente desagradável ameaça sua felicidade. Se fogo estiver queimando em uma chaminé, boa sorte se aproxima. 9, 77
Champanhe – você terá desapontamentos em relações amorosas. 6, 52
Chapéu – um chapéu novo indica uma mudança de lugar e de negócio, o que será vantajoso. Perder o chapéu indica relações profissionais insatisfatórias e sócios irresponsáveis. 82, 8
Charlatão – você se preocupará com o tratamento adequado de uma doença. 17, 45
Charuto ou cigarros – novos planos devem ser feitos em breve. Todas as suas expectativas serão preenchidas com muita felicidade no futuro. 3, 41
Chave – mudanças inesperadas em sua vida. Encontrar chaves indica que você terá uma vida caseira feliz e boas propostas nos negócios. Perder chaves anuncia experiências e aventuras desagradáveis. 11, 29
Cheque – recebê-lo significa que você também receberá dinheiro ou uma herança. Ter cheques descontados quer dizer depressão e perdas nos negócios. 8, 62
Chicote – brigas e separações em família. 38, 71
Chimpanzé – iminência de traição e fraude. 16, 66
Chinelo – você fará negócios pouco sábios que, caso não seja cuidadoso, respingarão em você. 63, 28
Chocolate – você será um provedor generoso para aqueles que dependem de você. Ao vê-lo, você terá companhias agradáveis e divertimentos. Bebê-lo denota prosperidade após tempos de dificuldade. 34, 26
Choro – prazeres se transformarão em perspectivas melancólicas. 85, 60
Chute – você em breve resolverá seus problemas atuais. 3, 65
Chuva – se você sonha que está andando em meio à chuva, será abençoado com prazeres, energias vitais e prosperidade em seus empreendimentos. 11, 97

Cidade – se sonhar com uma cidade estranha, você mudará seu modo de vida e talvez sua residência. 6, 53
Cidra – ver outras pessoas bebendo denota que você estará sob a influência de amigos falsos. Se você a estiver bebendo, indica que você ultrapassará todos os obstáculos se estiver disposto a trabalhar mais intensamente. 51, 72
Cinto – se estiver vestindo um cinto, você será influenciado por pessoas coniventes. Se receber um, desfrutará de honras e prazeres. 18, 93
Cinturão – em breve você conhecerá alguém que lhe trará muito azar. 74, 18
Cinzas – significam tristezas e muitos problemas em sua vida, especialmente amorosa. Também anunciam tristezas por meio de crianças.
Ciranda – confusão e insatisfação. 35, 5, 26
Circo – você terá de lidar com muita infelicidade no futuro próximo. 44, 8
Círculo – você realizará muito menos do que espera em seus negócios ou profissão. 77, 49
Cirurgião – tome cuidado com inimigos ligados ao seu negócio. Caso sejam mulheres que têm esse tipo de sonho, ele prognostica doença grave. 73, 49
Cisne – se ele está nadando em águas plácidas, você logo terá prosperidade e muito prazer. Um cisne morto mostra insatisfação no amor e na vida em geral. 13, 99
Cisterna – você está sob perigo de uma doença repentina difícil de ser diagnosticada. Se a cisterna estiver vazia, ocorrerão mudanças da alegria para a tristeza. 33, 76
Ciúme – preocupações e brigas entre amantes ou entre marido e mulher. Além disso, esteja atento à influência de inimigos ao seu redor. 23, 90
Clarinete – se você escutar um receberá boas notícias que irá enchê-lo de felicidade. Se você tocar um indica ansiedade para se casar com seu amor. 7, 78
Clarividência – sonhar com ser clarividente denota mudanças em sua profissão atual. Visitar um clarividente significa erros de julgamento em seus negócios que podem custar caro. 18, 62
Clínico geral – você gastará seu tempo em passatempos frívolos. 61, 85
Closet – não gaste seu dinheiro imprudentemente, pois você poderá se encontrar em péssimos apuros econômicos em breve. 33, 71
Cobertor – você deve ter precaução e cuidar de sua saúde para evitar doenças. 68, 66
Cobra – um presságio ruim anunciando perigo causado por inimigos, mentiras e má sorte em geral. Se você sonha que está matando a cobra, superará todos os obstáculos. 71, 98

Cobre – você será oprimido por aqueles que estão em posições mais altas. 88, 61
Coceira – você tende a se preocupar com ninharias. Relaxe e tudo ficará bem. 67, 57
Coco – suas expectativas estão colocadas nos lugares errados. Se o coco estiver seco, você ouvirá sobre a morte de alguém próximo a você. 17, 67
Coelho – ganhos nos negócios e felicidade no amor e na família se for casado. 77, 3
Cogumelo – ver um cogumelo indica ganância e desejos não verbalizados. Comer um cogumelo denota humilhações e relações amorosas vergonhosas. 78, 63
Colar – uma casa bonita e um cônjuge adorável. 11, 87
Colarinho – se estiver usando, você receberá muitas honras que não merece plenamente. Para uma mulher, o sonho denota que ela terá muitos admiradores, mas nenhum de longo prazo. 75, 43
Colchão – você em breve encarará novas tarefas e responsabilidades. 63, 27
Colhcita – prosperidade e prazeres por vir, especialmente se a colheita for abundante. 79, 93
Colher – avanços em suas empreitadas e uma vida familiar feliz. Se a colher estiver suja ou quebrada, tome cuidado com perdas e decepções. 27, 8
Colina – escalar uma colina indica honra e distinção que estão por vir. Cair dela anuncia que você terá de lutar contra muito ciúme e muita inveja. 48, 60
Colisão – você passará por um acidente sério ou dificuldades nos negócios. Para mulheres, esse sonho significa a incapacidade de escolher entre dois homens, com consequências desagradáveis. 11, 7
Colo – se você se sentar no colo de alguém, estará livre de problemas e preocupações. Se alguém se senta em seu colo, você deparará com crítica negativa. 68, 70
Comer – se comer sozinho, você está passando por perdas e tristeza. Comer acompanhado denota ganhos e boa sorte, que você compartilhará com outros. 23, 51
Cometa – você passará por problemas inesperados, mas os vencerá no final. 13, 70
Comida – você passará por problemas de saúde difíceis de serem diagnosticados. 66, 31
Comprar – revela que você tem amigos ciumentos que estão esquematizando para estragar suas chances de sucesso. 14, 82

Concerto – sucesso nos negócios e no amor. A possibilidade de uma herança está próxima. 66, 83
Condenação – desastre e más notícias. Se você se enxergar como culpado, você terá preocupações em suas relações pessoais. 73, 26
Confete – se obstruir sua vista, você perderá muito por adiamentos em seu trabalho a troco de diversão. 22, 8
Conhaque – você vivenciará um romance apaixonado e feliz. 21, 62
Conselho – recebê-lo revela que suas perspectivas da vida estão melhorando e sua situação como um todo logo estará melhor. Por aconselhar, você será respeitado e admirado por muitas pessoas.
Conspiração – se você for o objeto dela, cometerá um erro nos negócios que poderá lhe custar caro. 84, 2
Convento – estar seguro dentro de um convento denota que você estará protegido das dificuldades por seu próprio pressentimento. Se encontrar-se com um padre, você também se encontrará com tristezas na vida real. 46, 17
Conversa – preocupações com doenças de parentes e com seus negócios. 72, 69
Conversas – um período longo de chuvas inesperadas está por vir. 66, 5
Convite – acontecimentos desagradáveis e preocupações com ninharias. 64, 30
Coqueiro – você melhorará de situação na vida e terá muito sucesso no amor. Se as árvores estão murchas, é um mau presságio.
Coquetel – esse sonho significa vida desregrada e o perigo de depravação moral.
Coração – se o coração lhe causar dores e problemas, haverá perdas nas relações de negócios. Vê-lo indica doença e falta de energia. 68, 52
Coral de música – você pode esperar por ambientes felizes substituindo seu descontentamento presente. Cantar em um coral denota infelicidade causada por infidelidade de seu amante. 12, 9
Corcunda – mudanças inesperadas para o pior em suas relações.
Cordeiro – amizades felizes e alegrias simples. Se o cordeiro estiver morto ou abatido, você terá infelicidade e muitas perdas. 75, 36
Coringa – se estiver interessado em casamento, você em breve terá a oportunidade de dar esse passo. 8, 91
Corneta – se vista ou ouvida, representa ajuda de estranhos. 45, 62
Coroa – você enfrentará novas mudanças em sua vida e viajará para longe de casa. Usar uma coroa indica perda de propriedade pessoal. 88, 5
Coroação – você desfrutará de uma sucessão de êxitos ao conhecer pessoas poderosas. 77, 27

Correio – notícias muito boas estão por vir. 87, 67
Correntes – dificuldades injustas logo se amontoarão sobre seus ombros. Se você conseguir se livrar delas, você também se livrará de uma obrigação desagradável. 13, 47
Correr – você conquistará bens materiais e posição. Se tropeçar ou cair, sofrerá perdas tanto de propriedade quanto de reputação. 65, 93
Corrida – outros querem coisas que você quer. Se você ganhar a corrida, eles não as ganharão. Se você perder, o reverso ocorrerá. 46, 57
Cortar – se cortar uma ave, você terá dificuldades com suas finanças. Cortar qualquer outro tipo de carne significa poucos investimentos e problemas nos negócios. 69, 59
Corte – doenças e um amigo traiçoeiro que tentará lhe causar feridas. 19, 67
Cortina – visitantes não desejados lhe causarão problemas. 9, 20
Coruja – ouvir o grito da coruja significa que a morte está próxima. Mas notícias de alguém que está distante também podem ter muito significado. Ver uma significa que é momento de tomar cuidado com os inimigos. 96, 74
Corvo – ver um corvo significa má sorte a caminho. Ouvir um corvo gralhar quer dizer ouvir maus conselhos e perder negócios valiosos. 11, 57
Costela – um presságio de pobreza. 76, 43
Costura – paz doméstica e harmonia ao seu redor. 22, 93
Costureira – você não terá como fazer visitas devido a acontecimentos inesperados. 37, 58
Cotovelo – trabalho pesado com baixo pagamento a caminho. Para mulheres, esse sonho indica consideráveis perspectivas de um bom casamento. 9, 74
Couro – sucesso nos negócios e no amor. Especulações favoráveis e muita sorte e felicidade em todos os aspectos de sua vida. 55, 9
Coxa – sonhar com uma coxa saudável significa prazer e boa sorte. No entanto, caso a pessoa seja manca ou esteja ferida, deve tomar cuidado com doenças e aflições. 25, 47
Cozinha – encontrará com emergências e eventos desagradáveis. 14, 72
Cozinhar – se cozinhar uma refeição em um sonho, você receberá uma obrigação prazerosa. Se usar um forno, você perderá um bom amigo por discórdia. 37, 12
Creme – você será associado a pessoas ricas. Para fazendeiros, denota boas colheitas e relações familiares agradáveis. Consumi-lo implica em boa sorte. 33, 13
Crianças – ver belas crianças indica prosperidade e alegria. Ver uma criança doente indica saúde para seus filhos, mas preocupações de que outros os incomodarão. 65, 32

Criminosos – associar-se a um criminoso denota que você terá problemas com pessoas sem escrúpulos que tentarão usá-lo. Ver um criminoso indica que você deve se atentar ao possuir segredos de outras pessoas, para que eles não decidam tentar silenciá-lo para assegurar seu silêncio. 88, 38
Cristal – depressão e conflitos nos negócios e no amor. 77, 59
Cristo – ver Cristo ainda criança prevê muitos dias de paz por vir, cheios de riqueza e alegria. Se vê-lo triste, você buscará distância de seus entes queridos e sofrerá com muitos eventos infelizes. 4, 71
Crucificação – oportunidades perdidas e falsas esperanças. 12, 90
Cruz – problemas estão por vir. Seja cuidadoso com seus negócios. 9, 70
Cumprimentos – você pode passar por discussões familiares em breve. 2, 49
Cunhada – discussões em família.
Cunhado – esse sonho quer dizer que parentes se aproveitam de você. 45, 67
Cupido – você pode esperar boas notícias. 72, 18

D

Dado – especulações infortunas, seguidas por pobreza e desespero. Esse sonho também indica que uma epidemia está por vir. 86, 20, 6
Damasco – vê-los crescer significa que o futuro não deve ser tão bom quanto é agora. Mas sonhar que os come revela boa sorte. 40, 78
Dança – prazer e alegria geral. Se estiver dançando em um sonho, terá boa sorte inesperada. 25, 37
Dardos – encontrará com inimigos poderosos que podem lhe causar muitas dificuldades. 16, 53
Dedal – você deve tomar muito cuidado com outras pessoas. Caso sonhe que perdeu um dedal, deve tomar cuidado com pobreza e aflições que possam estar a caminho. 87, 63
Dedos – se estiverem danificados ou arranhados, você passará por muitos sofrimentos e preocupações. Ver belos dedos indica que seu amor será recompensado e você encontrará muita felicidade. 31, 71
Deficiente físico – sonhar com ser deficiente denota pobreza e agonia. Também significa dificuldades nos negócios. 6, 49
Degraus/escadaria – boa sorte, felicidade e honra caso sonhe que está subindo. Caso sonhe que está caindo ou descendo, você terá azar no amor e em assuntos gerais e será objeto de inveja e ódio. 25, 74
Demônio – tome cuidado com prazeres vazios que tentam destruir

sua vida. 78
Dente – sonhar com dentes prognostica doenças e pessoas discordantes. Sonhar que você vê seu dente caindo significa que a morte e o luto estão próximos. 13, 98
Dente de leão – uniões felizes e prosperidade. 79, 17
Dentista – se o dentista estiver cuidando de seu dente, você terá razões para duvidar da sinceridade de um suposto amigo. Se ele estiver lidando com a boca de outra pessoa, você será surpreendido por péssimas fofocas. 41, 17
Desbastar – você logo enfrentará muita dificuldade em sua vida. 90, 16
Desculpa – alguém com quem você discutiu voltará a seu convívio. 78, 52
Desejo – sonhar que está realizando um revela decisões difíceis e problemas a caminho. 53, 28
Deserto – sonhar que caminha por um deserto solitário anuncia pobreza e preconceito racial. Muitas perdas de vidas e propriedades são uma ameaça. 18, 49, 8
Desmaio – doenças na família e más notícias. Também indica que você deve cuidar de sua saúde e melhorar seu modo de vida. 2, 76
Desnudar-se – despir-se em um sonho indica que as pessoas têm falado mal de você pelas costas. 61, 20
Detetive – fortuna e reconhecimento estão por vir. Para mulheres, esse sonho anuncia problemas no amor. 58, 29
Deus – ver Deus indica a necessidade de percepção de que todo o seu potencial deve se misturar com o divino que há dentro de você. O sonho lhe diz que é hora de reunir suas forças dispersas, conquistar seus instintos físicos e colocá-los para trabalhar a seu favor. 1, 99, 26
Dia – melhorias em sua vida pessoal. Dias nublados indicam perdas em negócios. 56, 46
Dia do julgamento – você realizará algo que planejou cuidadosamente e por um longo período de tempo. 99, 6
Diabo – para um fazendeiro, esse sonho denota fome e morte aos seus rebanhos. Para outros, é um aviso de pessoas sem escrúpulos que o provocam para quebrar leis com a promessa de grandes quantidades de dinheiro. 77, 15
Diamantes – um sonho muito propício que denota altas honras e riqueza. 12, 33
Dicionário – sonhar com um dicionário indica que você depende demais de opiniões alheias. Você deveria tentar tomar mais decisões sozinho. 80, 42
Dinamite – muitas mudanças estão a caminho de sua vida. 11, 46
Dinheiro – pequenas preocupações seguidas de muita felicidade.

Muitas mudanças para melhor em sua vida, a menos que o dinheiro saia de sua mão. Nesse caso, o sonho anuncia perdas. 82, 46
Dinheiro em papel – se tomá-lo emprestado, você se encontrará em necessidade financeira, a não ser que contenha seus gatos. Se emprestá-lo, sempre estará em condições financeiras confortáveis. 7, 40
Dinheiro falso – você terá problemas com pessoas que não valem a pena. Maus tempos estão por vir. 77, 46
Dirigir – se a pessoa que sonha estiver dirigindo, ela está no controle de sua vida e deverá ter sucesso. Se outra pessoa estiver dirigindo, aquele que sonha é controlado por esse indivíduo. 79, 62
Discussão – você terá uma vida longa com muitos negócios bem-sucedidos. 37, 65
Disputa – brigas e injustiças com seus amigos se você vir a si mesmo em uma disputa. Caso veja alguma outra pessoa furiosa, isso revela condições desfavoráveis em seus negócios e vida em geral. 79, 62
Distúrbios – decepções em seus negócios. É possível que ocorra um falecimento entre os seus amigos. 88, 2
Divã – reclinar-se em um divã significa sustentar falsas esperanças. 72, 96
Diversão – estar em um local de diversão indica prazeres ilícitos e infidelidade de seu parceiro. Isso também prognostica falsos amigos e perigos em viagem. 8, 48, 58
Dívida – preocupações nos negócios e no amor. 15, 29
Divórcio – um aviso de que nem tudo está bem em sua vida conjugal. Se for solteiro, o fim da relação com seu amante está próximo. 65, 73
Docas – denotam uma jornada imprópria que você deve tentar evitar. Acidentes são possíveis. Você deve tomar cuidado ao dirigir e viajar. 85, 34
Doce – sonhar que está fazendo doce significa que você terá muitos lucros em um pequeno negócio. Sonhar que está comendo doces frescos e crocantes denota muitos prazeres sociais e relações sexuais. Doces azedos indicam doenças e problemas com conhecidos. 95, 39
Doença – fique atento para não tomar decisões erradas nesse período. 17, 39
Dominó – se perder ao jogar, você será insultado por um amigo. Se vencer o jogo, será muito admirado por pessoas de classes menos favorecidas. 52, 63
Dor – estar sentindo dor indica preocupações inúteis devido a coisas triviais. Sonhar com pessoas doentes ou que estão sentindo dor indica que você está cometendo erros em sua vida. 78, 16
Dores – alguém pode estar tendo lucro com suas ideias. Também pode prever problemas sentimentais devido a um amor inconstante. Esse sonho pode avisar ao sonhador de possíveis resfriados e outras

doenças. 6, 62
Dragão – você se permite ser guiado por suas paixões e deve tentar vencer seu temperamento e natureza violenta. 78, 63
Drogas – você será cercado por fofocas e difamação. Atente-se a falsos amigos. 73, 48

E

Ébano – muitas discussões desagradáveis em sua casa. 12, 30
Eclipse – se o eclipse for do sol, dificuldades temporárias nos negócios, além de brigas familiares. Se for da lua, há o perigo de doenças contagiosas ou morte. 48, 37
Eco – tempos difíceis estão por vir. Atente-se a decisões apressadas, especialmente aquelas ligadas a assuntos importantes. 34, 89
Elefante – você terá riqueza sólida, além de muitas honras. Além disso, obterá controle completo de suas relações profissionais e de sua vida familiar. 77, 18
Eletricidade – mudanças repentinas à sua volta, as quais não ocorrerão para o melhor. Se você tomar um choque elétrico, sua vida pode estar em perigo. 61, 1
Elevador – subir em um elevador indica que você logo será elevado de posição e obterá riqueza. Se você estiver descendo, você terá de lidar com tristeza e azar. 60, 81
Embaixador – esse sonho prediz má sorte e notícias péssimas. 63, 65, 72
Emboscada – o perigo está mais perto do que você imagina. Tenha cuidado quando caminhar pelas ruas e ao viajar. 98, 38
Embriagado – dificuldades financeiras e falta de autocontrole. 17, 26
Emprego – você é uma pessoa com muita energia e que gosta de trabalhar. Se sonhar com um empregador, você logo encontrará seu trabalho. 96, 30
Empresário – você receberá boas notícias sobre um casamento. 77, 57
Enchentes – doenças e perda de negócios, além de infelicidade no casamento. 58, 43
Enchimento – se a água for clara, você terá a experiência de grandes alegrias. Se for turva e escura, tome cuidado com doenças e lutos. 16, 38
Enciclopédia – você buscará honras literárias que podem lhe custar conforto e prosperidade. 5, 91
Enfermeira – você precisará da ajuda alheia para resolver possíveis problemas. 74, 56.
Enfermidade – a doença está próxima, mas será de curta duração. Você pode passar por algumas discussões desagradáveis com um fa-

miliar. 12, 59
Engenheiro – jornadas cansativas seguidas por reencontros prazerosos. 92, 23
Ensino médio – altas posições em relações sociais e de negócios e boa sorte no amor. 55, 19
Enterrado vivo – você em breve cometerá um grave erro que será usado contra você por seus oponentes. Se você for resgatado, vencerá no final. 64, 47
Enterro – se o sol estiver brilhando durante o enterro, esse sonho indica um casamento por vir e boa saúde para o sonhador e para sua família. Se estiver chovendo, doença e más notícias virão em breve. 58, 50
Entulho – perdas por causa de especulações imprudentes. 67, 34
Envolvimento – você se encontrará com pessoas desonestas e pouco sinceras. Tome cuidado a quem você conta seus problemas. 87, 52
Enxofre (gás) – cuide de seus negócios, já que há alguém planejando feri-lo. Se no sonho você está ingerindo enxofre, isso quer dizer que aproveitará boa saúde e muita satisfação em geral. 81, 92
Enxofre (sólido) – esse sonho revela que devido a negócios sombrios você perderá vários amigos e colegas de trabalho. Há ainda o perigo de uma doença contagiosa ou ares poluentes na vizinhança. 89, 68
Epidemias – indicam exaustão mental e preocupações causadas por trabalho desagradável. Doenças contagiosas também são prováveis. 41, 30
Eremita – tristeza e solidão podem, muito em breve, cruzar seu caminho. Elas serão causadas pela infidelidade de amigos. 6, 17
Ervas – você receberá muito amor. 12, 7
Ervilha – boa saúde e acúmulo de posses materiais. 65, 40
Escada de mão – suas expectativas se realizarão, mas somente se você subir a escada. 57, 78
Escalada – caso você ascenda ao topo, encontrará o sucesso sem muito esforço. Caso a escalada termine antes de alcançar o topo, você precisará superar muitos obstáculos que considera dificílimos e intransponíveis. Continue tentando que alcançará o sucesso. 29, 1
Escalas – você encontrará a prosperidade lidando com seus problemas de maneira justa. 28, 64
Escândalos – ser objeto de escândalo significa que você deverá ser mais cuidadoso com suas escolhas de amigos e companheiros, já que eles poderiam lhe causar problemas posteriores. 15, 68
Escapamento – perdas e atribulações. 98, 76
Escape – você se destacará por conta de seu trabalho árduo e de sua determinação. Se tentar escapar e não conseguir, sofrerá empecilhos causados por pessoas desonestas. 22, 49

Escavação – você nunca desejará nada, mas sua vida será uma luta penosa. 15, 32
Escola – sonhar que está indo a uma escola é o presságio de honras literárias. Sonhar que está dando aulas quer dizer que desejará ter meios honrados de sobrevivência.
Escorpião – tome cuidado com inimigos e falsos amigos, os quais tentarão tirar vantagem de você. 17, 58
Escorregador – decepções no amor e nos negócios. 61, 23
Escova – sonhar que usa uma escova significa que você terá azar em virtude da má administração de seus negócios. Se a escova for velha, isso denota doença e problemas de saúde. Ver muitas escovas significa que você terá vários trabalhos com recompensa financeira. 91, 32
Escrita – sonhar que está escrevendo indica que você cometerá um erro que lhe custará muito caro. Ver alguém escrevendo anuncia a possibilidade de processos judiciais contra você. 59, 32
Escritório – você logo terá um adversário tentando conquistar o amor da pessoa que ama. 32, 91
Escrivaninha – sorte inesperada logo chegará a você. 23, 11, 32
Escultor – você mudará sua linha de trabalho por algo menos lucrativo, mas com mais status. 58, 69
Escuro – se a escuridão alcançá-lo, você pode não ter sucesso no trabalho. Se o sol brilhar através dela, você irá superar dificuldades. Esse sonho é um chamado para que você se acalme sob estresse. 66, 48
Esmalte de unha – você vai conseguir honrarias por fraude. 31, 9
Esmeralda – você herdará propriedades que causarão problemas com outras pessoas. Comprar uma esmeralda indica negócios infelizes. 15, 28
Esmolas – estejam elas sendo dadas ou recebidas contra a vontade do sonhador, o sonho passa a mensagem de má sorte. Se estão sendo bem recebidas, boa sorte está a caminho. 23, 60
Espada – caso você sonhe que é o dono da espada, alcançará uma posição alta de honra e distinção. Se no sonho é outro que a está bradando, isso revela rixas e discordâncias. 27, 15
Espartilho – você passará por discussões com amigos por motivos pequenos. 12, 4
Espelho – ver-se refletido em um espelho denota sofrimento e doença. Ver outros no espelho significa que eles o usarão para seus próprios interesses. Um espelho quebrado indica a morte repentina e violenta de alguém próximo a você. 8, 13
Espeto – discordâncias e finais felizes para as suas incumbências. 97, 61
Espião – brigas perigosas e estranhamentos. 29, 10

Espinha – se no sonho você vê uma foto sua com uma espinha, significa que será incomodado por muita ninharia. 14, 27
Espinhos – dificuldades impedem o seu sucesso. 17, 66
Espirro – farão você mudar os planos. 16, 53
Esponja – mentiras e decepções ao seu redor. 14, 54
Esposa – discordâncias e discussões em casa. 88, 93
Esqueleto – doenças, pouco entendimento e possíveis danos nas mãos dos outros. Se alguém está te perseguindo, isso é o presságio de má sorte ou negócios. 27, 81
Esquilo – amigos agradáveis e ganhos nos negócios. Caso sonhe que o está matando, enfrentará impopularidade e perda de amigos. 35, 19
Estábulo/estrebaria – boa sorte a caminho. 12, 77
Estante – se estiver vazia, prognostica perdas e má sorte. Caso você esteja procurando um abrigo, tome cuidado para não causar erros e, então, tentar escapar de punições. 17, 68
Estátua – separação de alguém muito amado. Falta de energia impedirá seu progresso nos negócios. 76, 51
Estetoscópio – seus sonhos não serão realizados. Problemas amorosos. 37, 24
Estrada – uma estrada brusca e desconhecida indica novos projetos que lhe trarão perdas enormes. Se ela for suave e coberta por uma folhagem, espere boa sorte e felicidade em sua vida, logo. Se um amigo aparece caminhando com você, revela boa companhia para a sua vida, uma família feliz e um esposo adequado. 55, 17
Estrangeiros – você perdeu algo de valor que encontrará quando menos esperar. 9, 47
Estrelas – boa saúde e prosperidade. Uma estrela cadente prognostica tristeza e sofrimentos. 32, 73
Estudante – alguém de sua família passará em breve por uma situação de perigo nas ruas. 11, 25
Estupro – se uma mulher sonha que está sendo estuprada, ela terá problemas no amor e em breve passará por uma possível separação de seu parceiro. 17, 39
Europa – você viajará para outro país e terá um avanço financeiro como resultado. 6, 30
Excremento – muitas mudanças em seu ambiente próximo ocorrerão. Você deveria se abrir mais em suas relações com outros e se preparar para expressar suas opiniões. 21, 73
Excursão – lucro se a viagem for agradável e perdas se ela for desagradável. 65, 35

Exército – problemas e dificuldades na família. Você precisará de muita força e determinação para superar os obstáculos mas terá sucesso. 9, 83, 12
Expansão – você terá um futuro brilhante, mas tome cuidado para que o orgulho não tire sua felicidade. 29, 35
Explosão – você se decepcionará em ações com outros. Se alguém for mutilado ou ferido na explosão, você será culpado por algo que não fez. 43, 61

F

Faca – esse sonho indica brigas e separações, assim como perdas financeiras. 98, 56
Face – se visualizar faces felizes em um sonho, você receberá boas notícias e felicidade vinda de seus entes queridos. Se as faces forem tristes ou feias, atente-se a brigas com seu amante e problemas que estão por vir. 55, 78
Faculdade – você conquistará a alta posição que almeja. 4, 61
Fada – um presságio favorável prevendo alegrias e tempos felizes que estão por vir. 55, 9
Fala – você aproveitará a vida e muito conforto tardio. 76, 5
Falcão – se não ficar atento, você será traído por pessoas que tramam contra você. Ver um falcão morto ou executá-lo indica que você triunfará sobre seus inimigos. 8, 43
Fama – sonhar com ser famoso denota desapontamento em suas aspirações. Sonhar com pessoas famosas anuncia sua ascensão da obscuridade a honras e distinções. 65, 38
Família – uma família feliz indica boa saúde e boas finanças. Se houver conflitos, você terá de lidar com decepções. 87, 53
Faminto – trabalhos improdutivos e perda de amigos se você sonha que está faminto. Ver os outros com fome significa pobreza e insatisfação com seus amigos e companheiros. 24, 17
Fantasmas – se vir o fantasma de um de seus pais, você deve ser cauteloso ao fazer negócios com estranhos. Se o fantasma conversar com você, estará em perigos relacionados a inimigos ocultos. 62, 89
Farinha – denota uma existência simples porém harmônica. 31, 94
Farol – se você vir um farol no meio de um mar calmo, terá muitas alegrias e amigos agradáveis. Se enxergar um farol em meio a uma tempestade, seus pesares serão finalmente substituídos por prosperidade e felicidade. 34, 87
Fazenda – viver em uma fazenda denota boa sorte em todas as obrigações. 4, 91

Febre – se tiver febre em seu sonho, você se preocupa demais com fatores insignificantes e deixa o melhor da vida passar. Você deveria reunir esforços e realizar trabalhos mais lucrativos. 93, 56
Febre tifoide – se você sofre de tifoide, isso quer dizer que deve tomar cuidado com inimigos ocultos. A tifoide epidêmica indica perdas nos negócios e que a saúde está fraca e ameaçada. 88, 71
Feijões – esse sonho prediz uma doença contagiosa. Se os feijões estiverem molhados, você enfrentará vários desapontamentos em seus negócios. 33, 79
Feio – se você se vê muito feio em sonho, em breve terá problemas no amor. 8, 68
Feno – cortá-lo denota boa vida e grande prosperidade. Vê-lo anuncia boa sorte e sucesso em todos os negócios. 7, 14
Férias – esse ano será próspero e feliz para você. 78, 54
Ferida – perdas devido a doenças. 14, 82
Ferimento – um episódio infeliz em breve lhe causará tristeza. Tente ser forte, uma vez que isso passará. 11, 57
Fermento – surgirá uma oportunidade para que você possa ganhar um bom dinheiro. 16, 83
Ferradura – ganhos nos negócios e uma relação amorosa que se tornará casamento. Segurar uma ferradura indica que você obterá lucros de uma fonte desconhecida. 16, 35
Ferreiro – trabalho pesado lhe trará, em breve, sucesso bastante merecido e melhoras nas finanças. 91, 55
Ferro – um presságio de circunstâncias de sofrimento e falta de sorte. 28, 50
Ferrovia – caso você veja uma, indica que seu negócio precisa de mais atenção, que você está em perigo de perdê-lo devido a armações de inimigos. Se você está andando nos trilhos, terá aventuras bem-sucedidas. 23, 80
Ferrugem – doenças, azares e falsos amigos serão sua sina. Seja forte e terá sucesso se tentar. 42, 14
Festa – você passará por problemas financeiros. 87, 20
Festividade – surpresas agradáveis estão guardadas para você. 37, 64
Fiança – se no sonho você está procurando alguém para pagar sua fiança, logo você enfrentará dificuldades inesperadas e há, inclusive, a possibilidade de acidentes. 29, 87
Fígado – um fígado doente denota que você terá um cônjuge que nunca parará de reclamar sobre a vida em geral. Se você come fígado em seu sonho, descobrirá que uma pessoa enganadora tomou seu lugar no afeto de seu parceiro. 8, 87

Figos – se comê-los, denota que há algo errado com sua saúde e você deveria procurar um médico. Se você os vir crescendo, indica boa saúde e prosperidade. 41, 36
Filha – muitos eventos desagradáveis abrirão espaço para prazer e felicidade. 12, 73
Filho – se você sonhar que seu filho está bem e feliz, logo conseguirá honras e terá uma boa vida. Se você sonha com ele ferido de qualquer maneira, há problemas em um futuro próximo. 61, 48
Filhote de cachorro – você demonstrará delicadeza para com aqueles que estão passando necessidade e muita felicidade como resultado. 61, 53
Filhote de gato – cuidado com decepções. Você terá vários problemas pequenos que lhe perturbarão. 36, 47
Fio elétrico – tome cuidado com seu temperamento ruim e não arrisque nada em relação a seus negócios, já que trapaças podem estar a caminho. 64, 79
Fivela – você receberá vários convites para festas e ambientes de entretenimento. 16, 20
Flauta – se ouvi-la, você terá um encontro feliz com amigos que vêm de lugares distantes. Se tocá-la, se apaixonará por uma pessoa agradável. 61, 46
Flecha – prazeres e alegrias virão. Viagens agradáveis estão a caminho. Se as flechas estão quebradas significa problemas no amor. 75, 31, 2
Flor – prazer e ganho, contanto que estejam radiantes e saudáveis. Se estiverem murchas, você passará por muitas decepções e tristezas em sua vida. 88, 25
Flores de árvores – você deparará com muito sucesso e paz mental em um futuro próximo. 77, 17
Floresta – se estiver perdido na floresta, perdas em negociações ou nos negócios. Se vir uma floresta verde com folhas espessas, você terá muita felicidade e sucesso em todos os seus relacionamentos. 16, 53
Foca – você tem ambições altas e fará qualquer coisa para alcançá-las. 27, 46
Fofoca – humilhação e problemas causados por amigos falsos. 83, 54
Fogo – é um presságio favorável anunciando prosperidade e uma boa vida familiar, contanto que você não se queime. Se isso ocorrer, você sofrerá perdas por ações impulsivas. 61, 83
Fogos de artifício – você gozará de boa saúde e muitas satisfações. 27, 31
Foguete – ver alguém ascendendo aos céus quer dizer que você ascenderá a uma posição mais alta e terá sucesso na conquista dos objetos de sua afeição. Se o foguete não decolar, você será infeliz no amor e no casamento. 86, 34

Folhas – felicidade e satisfação em suas negociações. Folhas secas denotam falsas esperanças e desapontamentos vindouros. 78, 17
Fome – um presságio ruim indicando um casamento infeliz e problemas em casa. 22, 6
Fonte – se a água for limpa, você terá grandes posses e realizará muitas viagens agradáveis. Se a água for turva, passará por relações amorosas infelizes. 61, 32
Forca – muitos inimigos se unirão para derrubá-lo de sua posição atual. 88, 64
Forno – se o forno estiver superaquecido você ganhará o amor de sua família e muitos filhos. Caso tenha algo assando no forno, isso quer dizer um período de dificuldades temporárias. 62, 40
Fortaleza – se você se vir confinado a uma, estará em uma posição infeliz causada por armação de seus inimigos. Se você se vir colocando outros em uma fortaleza, então vencerá seus inimigos e será muito bem sucedido com pessoas do sexo oposto. 91, 45
Fósforos – prosperidade e mudanças quando você menos esperar por elas. 54, 39
Fossa – olhar profundamente para uma fossa indica que você passará por perigos desnecessários e faltará discrição em seus romances amorosos. Caso você esteja caindo em uma fossa, revela calamidades e tristezas a caminho. 27, 16
Fotografia – tome cuidado com decepções e prejuízos ao seu redor. 27, 83
Framboesa – tome cuidado com relacionamentos que, embora interessantes, podem ter custos altos. 93, 2
Fraqueza – seus desejos não serão realizados. 25, 97
Freira – possível separação entre amantes. 92, 36
Frutas – maduras em árvores indicam um futuro próspero. Frutas verdes são um aviso contra ações apressadas. Comer frutas é um presságio de prazeres vazios e possíveis frustrações por eles causados. 12, 63
Fumo – dúvidas e medos nublarão sua vida, se você os autorizar. Tome cuidado com adulação e pessoas mentirosas. 42, 36
Funeral – um casamento infeliz e filhos fragilizados. 91, 42
Furacão – decepções nos negócios e problemas em casa. 27, 63

G

Gado – feliz e bem nutrido, indica prosperidade e felicidade em uma companhia agradável e benéfica. Se o gado estiver magro e subnutrido, você provavelmente trabalhará pesado toda sua vida em virtude de seu desgosto por pequenos detalhes. O sonho é um aviso para que você mude seus hábitos se desejar obter sucesso. 5, 99
Gafanhoto – discrepâncias em seus negócios, o que lhe causará muitas preocupações. 74, 56
Gago – caso sonhe com alguém gago, preocupações e doenças o incomodarão. 26, 7
Gaiola – se pássaros estiverem na gaiola, você desfrutará de grande riqueza e terá muitos filhos bonitos e encantadores. Se a gaiola estiver vazia, algum parente próximo morrerá. Em gaiolas, animais selvagens significam triunfo sobre seus inimigos e vitórias pessoais. 88, 53
Gaita de fole – boas notícias devem estar a caminho, mas você deve cuidar de seu dinheiro. 30, 82, 8
Galho – se o galho estiver carregado de frutas e folhas verdes, você se deleitará com saúde e prosperidade. Se o galho estiver seco, notícias tristes de alguém próximo estão a caminho. 18, 32
Galinha – reuniões felizes de família e bons tempos. 55, 3
Galinhas – vê-las significa que você enfrentará preocupações nos tempos que estão por vir, mas você deve superá-las no final. Galinhas jovens indicam empreendimentos afortunados. Comê-las denota egoísmo e relações amorosas infelizes. 88, 37
Galo – você alcançará uma posição importante, mas se tornará arrogante em contrapartida. Assistir a uma briga de galos indica discussões e divergências ao seu redor. 86, 46
Galo cantando – ouvir um galo cantar denota um casamento feliz. Se o galo voar, você terá de deixar sua casa por brigas familiares. 22, 1
Gamão – seus amigos lhe virarão as costas sem que você tenha nenhuma culpa. Este sonho revela aflições e conflitos. 88, 6, 49
Gancho – você terá de lidar com obrigações desagradáveis. 3, 28
Garagem – suas relações pessoais irão melhorar no futuro próximo. 16, 32
Garanhão – prosperidade e honra serão suas. 19, 1
Garçom – um amigo irá garantir-lhe momentos de muita diversão.
Garfo – inimigos estão trabalhando em suas costas para causar problemas. O sonho também prevê separação entre amantes. 85, 54
Garganta – uma garganta saudável indica uma rápida subida de posição. Uma garganta doendo anuncia que amigos o decepcionarão. 18, 57
Garota – uma garota bela e agradável indica vida familiar feliz e pers-

pectivas de bons negócios. Se ela for desajeitada ou triste, haverá doenças sérias em sua família. 88, 31
Garoto – fique atento a flertes e prazeres leves, ou você magoará alguém que o ama muito.
Garrafa – você irá, em breve, se deleitar com uma conquista amorosa e deparar com prosperidade e sucesso. 37, 91
Gás – se inalá-lo, você terá problemas causados por sua própria negligência. Exterminá-lo indica que você destruirá sua própria felicidade. 76, 82
Gasolina – você obterá sucesso inesperado de uma igualmente inesperada fonte de negócios. 39, 12
Gato – esse sonho é um presságio de má sorte, a não ser que você tire-o de seu caminho. Se o gato atacá-lo, você terá inimigos que buscam destruí-lo. 9, 77
Geladeira – você poderá ferir alguém. 31, 9
Gelatina – reuniões agradáveis com amigos. 76, 54
Geleia – comer geleia denota surpresas agradáveis e viagens felizes. 10, 5
Gelo – muita aflição e perigo causados por inimigos e oponentes. Se vir gelo flutuando em águas claras, você sofrerá por amigos ciumentos e impacientes. Caminhar sobre o gelo é um aviso para que você não corra riscos desnecessários. 80, 49
Gema de ovo – você terá uma boa chance em jogos de azar em um futuro próximo. 64, 98
Gêmeos – ganhos nos negócios e uma vida familiar formidável. 54, 28
Gerânio – você terá riqueza considerável em sua vida. 71, 40
Gigante – guerras entre você e seus rivais. Se ele correr de você, denota sucesso e prosperidade. 31, 65
Gim – você confia em amigos que não são sinceros. 78, 44
Giz – se você usar giz, obterá honras públicas. Se segurá-lo em sua mão, terá atraso em suas relações pessoais. 48, 10
Gnomos – você terá problemas inesperados em casa, os quais terá dificuldades para vencer. 33, 2
Golfe – devaneios vagos e possíveis perdas nos negócios. 83, 54
Gordura – ver-se gordo em um sonho significa mudanças felizes. Se outros forem gordos, você terá prosperidade e boa sorte. 77, 55
Gramado – você terá prosperidade em todos os seus negócios. 12, 56
Grãos – um presságio positivo indicando abundância e prosperidade por vir. 77, 24
Gravidez – se uma mulher vê a si mesma grávida em um sonho, ela será infeliz em sua vida de casada. Caso esteja grávida na vida real, o sonho prognostica um parto saudável e seguro. 26, 1
Gritar – problemas nos negócios por causa de falta de cuidado. 56, 82

Grito – você tem amigos que estão tentando prejudicá-lo. 88, 15
Guarda-chuva – abrigar-se sob o guarda-chuva durante um banho significa um presságio de boa sorte e prosperidade. Carregar um revela problemas e preocupações. Ver um guarda-chuva quebrado indica decepções no amor e com as amizades. 97, 62
Guardanapo – reencontros felizes. 34, 55
Guaxinim – você está sendo enganado por inimigos fingindo ser amigos. 18, 93
Guerra – condições difíceis nos negócios e nos seus relacionamentos em geral. 92, 57
Guirlanda – excelentes oportunidades irão se apresentar nos negócios ou destituições. 10, 78

H

Harpa – ouvi-la anuncia o fim de um empreendimento lucrativo. Tocá-la significa que você deveria ser mais cuidadoso na escolha de amigos e amantes. 55, 75
Hera – você desfrutará excelente saúde e aumento de sua boa sorte, além da felicidade nos assuntos amorosos. 55, 7
Herdeiro – você pode perder suas posses e ganhará novas responsabilidades. 75, 47
Hidrofobia – atente-se a inimigos e rivais que tentarão lhe causar sofrimentos e perdas. 17, 46
Hiena – má sorte e decepções. Também indica briga entre casais. 15, 64
Histeria – tente manter a situação sob controle em uma situação difícil que se aproxima e você irá superá-la. 98, 76
Homem – no sonho, um homem bonito indica que você desfrutará uma vida completa e feliz. Se o homem for feio e infeliz, você deparará com muitas decepções. 23, 45
Homem idoso – preocupações infelizes e tarefas desagradáveis o incomodarão. 13, 73
Homicídio – se você comete o assassinato, haverá dores e fracassos em todos os seus negócios. Porém, se você o cometer em legítima defesa, o sonho denota vitória e melhoras nos negócios. 4, 49
Horóscopo – o sonho de tê-lo preparado indica mudanças inesperadas e uma longa jornada. 27, 89
Hospital – há risco de doenças contagiosas em sua vizinhança. 27, 72
Hóstia – um presságio de má sorte e risco de perigo devido a armadilhas de inimigos. 1, 46
Hotel – você viajará muito e desfrutará de muito sucesso e felicidade em sua vida. 52, 34

I

Iate – diversões felizes longe dos negócios. 71, 90
Idade – sonhar com idade prediz fracasso em seus empreendimentos. Ver alguém com aparência mais velha indica que doença e negócios insatisfatórios estão a caminho. 66, 68
Ídolo – progresso lento a caminho. 56, 43
Igreja – decepções em prazeres antecipados. Entrar em uma igreja sombria significa que você participará de um funeral. 82, 49.
Ilha – se o lugar for agradável e verde, você desfrutará muito conforto e sucesso em todos os seus negócios. Se for árido, poderá sofrer perdas materiais e emocionais causadas por falta de moderação. 28, 67
Ilusionista – fique atento aos gastos excessivos. 41, 70
Ímã – cuidado com más influências que tentarem lhe instigar a realizar feitos ruins. Para uma mulher, o sonho prevê que alguém irá banhá-la de presentes e muita riqueza. 46, 84
Imperador – encontrar-se com um imperador é o anúncio de longas viagens que não serão prazerosas ou lucrativas. 38, 61
Imperatriz – você receberá muitas honras, mas o orgulho o tornará impopular. 43, 82
Impostos – sonhar que está pagando impostos significa que superará influências negativas ao seu redor. 89, 46
Impressora – você deve exercitar economia ou enfrentará a pobreza. 24, 18
Incenso – não deixe que os outros o bajulem ao realizar seus desejos. 88, 78
Incesto – perdas nos negócios e na opinião pública. 73, 26
Indiferença – companhias agradáveis que não estarão com você por um longo período. 38, 94
Indigestão – você deve tentar melhorar seus hábitos alimentares e seus arredores. 23, 47
Inferno – estar no inferno indica que você será tentado a realizar algo que pode colocar em risco suas finanças e sua paz mental. Ver amigos no inferno indica que você pode vir a saber de seus azares. 88, 38
Inimigo – dominá-los denota que você superará dificuldades profissionais e, como resultado, desfrutará de riqueza e prosperidade. Se essas dificuldades lhe abaterem, problemas e má sorte podem estar próximos. 95, 20
Inquietação – chateações triviais. Insatisfação geral em relação às coisas. 2, 7, 41

Insanidade – má sorte e mudanças desagradáveis estão próximas. Cuide de sua saúde e de hábitos alimentares. 66, 46
Insetos – complicações em sua vida cotidiana. Previsão de doença em sua família. 86, 98
Instrumentos cirúrgicos – insatisfação com amigos. 54, 80
Interior (região rural) – bons tempos estão a caminho. Se o campo estiver vazio e seco, você passará por tempos difíceis. Fome e doença podem estar se aproximando. 27, 14
Intestino – ver intestinos humanos denota má sorte e infelicidades que estão por vir. Intestinos de animais indicam que você vencerá um inimigo mortal. 9, 17
Inundação – azar e perda da vida causados por catástrofes imprevisíveis. 18, 69
Invalidez – companhias desagradáveis e problemas em seus negócios. 11, 2
Inveja – você fará muitos amigos em virtude de seu calor e cuidado para com outros. Se outras pessoas o invejarem, você sofrerá inconveniências pelo excesso de zelo com amigos ou familiares. 8, 67
Inverno – má saúde e época difícil a caminho. 49, 27
Invisibilidade – se não for cauteloso, você poderá cometer um erro que lhe custará caro. 77, 54
Irmã – muita sorte e felicidade em seu caminho. 22, 61

J

Jacaré – tome cuidado com inimigos ocultos e preste atenção especial a sua saúde e segurança física em geral. Se o jacaré atacá-lo e vencê-lo, você está enfrentando sérios perigos. Se você destruí-lo, enfrentará todas as dificuldades.
Jade – você em breve terá prosperidade e felicidade. 7, 67
Janela – empreendimentos sem resultados e esperanças perdidas estão reservados para você. 48, 60
Jangada – você passará por mudanças de localização profissional que serão positivas. Caso esteja flutuando em uma, significa que fará viagens incertas. 29, 71
Jantar – se estiver comendo sozinho, você pensará duas vezes antes de agir. Se estiver jantando com seu amante, vocês terão conflitos e terminarão a relação. 72, 45
Jardim – se estiver repleto de flores e árvores, você terá muita felicidade e paz mental. Legumes indicam dor e calúnia. Para mulheres, entretanto, esse sonho anuncia fama e felicidade. 18, 43

Jarra – sucesso nos negócios. 32, 14
Jarro – você tem bons amigos que se reunirão para ajudá-lo em tempos de problemas. 2, 13
Jiboia – má sorte e muitos conflitos em todos os aspectos de sua vida. Fique atento a sua saúde mental e física e tome cuidado com inimigos trabalhando contra você. Matar uma jiboia significa que você triunfará sobre o mal. 89, 18
Joelho – esse é um presságio ruim que anuncia problemas e má sorte. 17, 62
Jogo – empreendimentos felizes e ganhos provenientes de negócios obscuros. 62, 70
Jogo de damas – se estiver jogando dama, você terá sérios problemas e estranhos influenciarão sua vida. Se vencer o jogo, você terá sucesso em empreendimentos arriscados. 17, 4
Jogo de xadrez – jogar xadrez denota estagnação nos negócios e saúde debilitada. Se você perder o jogo, terá muitas preocupações. Se vencê-lo, você superará todos os problemas. 99, 27
Jogos de azar – se você jogar e vencer, se ligará a pessoas de pouca moral. Se perder, seu comportamento causará muita dor a alguém próximo a você. 22, 91
Jóquei – você receberá um presente de uma fonte inesperada. 98, 53
Jovem – reconciliação entre amigos e membros da família. Uma boa época para iniciar novos empreendimentos. 12, 70
Julgamento – disputas serão marcadas por procedimentos legais. 43, 2
Juramento – sonhar com ele significa divergências e problemas em breve. 15, 8
Jurar – você enfrentará muitos obstáculos profissionais. 63, 28.
Júri – se você for um membro do júri, está insatisfeito com seu trabalho atual e tentará mudar seu negócio ou profissão. Se for absolvido por um júri, terá sucesso em todos seus negócios; se você for condenado, seus inimigos irão derrotá-lo. 88, 48
Justiça – fique atento a suas ações e comportamentos em público, uma vez que você poderá, em breve, deparar com escândalos e constrangimentos sociais. 13, 47

L

Lã – você terá a oportunidade de atingir seus maiores objetivos. 27, 59
Lábios – lábios macios e carnudos indicam harmonia e poder. No amor, eles anunciam reciprocidade de afeições. Lábios finos denotam

maestria em todas as situações. 27, 82
Laboratório – poderá encontrar com uma séria doença se não cuidar de sua saúde. 47, 35
Ladrão – se você é um ladrão, significa que está prestes a enfrentar mudanças extremas em seus afazeres. Caso sonhe que está capturando um ladrão, você vencerá seus inimigos. 99, 74
Lagarta – você não deve confiar em todos à sua volta, pois há pessoas próximas que são hipócritas e perigosas. O sonho denota uma possível perda no amor ou nos negócios. 71, 44
Lagarto – ataque de inimigos. Azar e dor se o lagarto mordê-lo ou atacá-lo. 28, 92
Lago – se você navegar por um lago calmo, terá felicidade e satisfação para dividir com os entes queridos. Se as águas forem turvas ou turbulentas, o sonho prevê problemas no amor e nos negócios. 33, 89
Lagoa – dúvidas e confusões causadas por decisões rápidas. 43, 27
Lagosta – grandes favores de pessoas importantes e muito ricas. 63, 37
Lama – perdas e problemas familiares. Fique atento a falsos amigos. 64, 42
Lamento – esforços e sofrimentos finalmente darão lugar à felicidade e sucesso. 24, 86
Lâmpada – alegrias e muitos prazeres se a lâmpada estiver acesa. A escuridão ou lâmpadas apagadas anunciam depressão e tristeza. 32, 10
Lança – inimigos ameaçadores. Se você vencer alguém que tentar atacá-lo com uma lança, vencerá o inimigo. 17, 20
Lanterna – ver uma lanterna brilhando à sua frente, na escuridão, significa que você possuirá riqueza e posição. Se a lanterna desaparecer, você fracassará em atingir o que deseja. 24, 56
Lápis – você pode vir a ter problemas por causa de seu amor por aventuras. 24, 9
Lar – visitar seu antigo lar anuncia que você se alegrará com boas notícias. Se a casa estiver em situações deploráveis, você logo saberá da doença ou morte de um familiar. 88, 42
Laranjas – ver enormes laranjeiras significa boa saúde e prosperidade. Se no sonho você as come, isso indica problemas de saúde para amigos prósperos ou familiares, assim como pouca satisfação em seus negócios. 7, 55
Latido – você deve ouvir o aviso de amigos próximos, uma vez que eles desejam seu bem e sabem do que estão falando. 57, 43
Lavagem – um de seus amigos próximos terá vários problemas causados por fofocas. 25, 87
Lavanderia – se as roupas estiverem limpas, seus empreendimentos obterão sucesso. Se as roupas estiverem sujas, você fracassará. É um

mau presságio se alguém da lavanderia vem até sua casa para pegar as roupas sujas. Se no sonho isso ocorrer, você poderá, em breve, deparar com uma doença ou com a perda de algo de valor. 13, 67
Leão – você tem muita força interior e grande dignidade que sempre lhe ajudarão a obter sucesso na vida. Se o leão subjugá-lo, você estará à mercê de seus inimigos. 13, 85
Legislatura – esse sonho anuncia vaidade e egoísmo. Você encontrará dificuldades no avanço de seus negócios em geral. 13, 64
Leilão – prospectos brilhantes em seus negócios. Sonhar que está comprando objetos em leilão significa boa sorte para fazendeiros e homens de negócios, além de uma vida farta em comida.
Leitão – um leitão saudável e gordo é uma indicação de sucesso nos negócios. 17, 5
Leite – beber leite indica abundância e prazer. Ver leite em grande quantidade prediz saúde vibrante e riquezas. Derramar o leite significa que você sofrerá alguma perda e infelicidade temporária pelas mãos de amigos. 6, 14
Leitura – se você sonha que está lendo, passará em um teste difícil, se outros estão lendo, você terá ajuda de um amigo quando precisar. 35, 72
Lenço – flertes e relações afetivas inconsequentes. 17, 36
Leopardo – se um leopardo lhe atacar, confidências inapropriadas podem acabar com seus mais profundos sonhos. Se você matar um leopardo, triunfará em todos os seus negócios. Se você vir um leopardo aprisionado, seus inimigos não serão capazes de lhe causar danos. 87, 56
Lepra – se você se vir infectado por essa doença, em breve enfrentará uma enfermidade séria. Se outros sofrem de lepra, isso denota perspectivas desencorajadoras e problemas no amor. 11, 19
Licença – possibilidade de brigas e perdas. 12, 24
Licor – comprar licor indica que você se apropriará de algo que não lhe pertence. Beber licor denota uma possível aquisição de riqueza, a qual você generosamente compartilhará com os outros. Ver licor significa sucesso e prosperidade. 85, 42
Liderança – desapontamentos nos negócios e no plano pessoal. Espere, também, problemas no amor. 58, 49
Lilás – tome cuidado com a vaidade e com a presunção, já que elas podem significar sua queda. 14, 45
Limão – ciúmes e possíveis desapontamentos e humilhações, especialmente se você chupar um limão. 81, 73
Limonada – alguém tentará ganhar dinheiro à sua custa. 14, 67
Limpeza – muita felicidade em sua vida familiar. 12, 46
Língua – sonhar com a própria língua significa que você enfrentará

problemas relativos à manutenção de sua boa reputação. Se o sonho for com a língua de outra pessoa, você deparará com escândalos e será difamado.

Linguiça – sonhar que está preparando uma significa que você terá sucesso em todos os seus projetos. Se estiver comendo uma, você terá uma vida familiar feliz, embora humilde. 34, 76

Linhas de coser[5] – sua sorte deve ser perseguida de maneiras complicadas. Linhas partidas significam perdas causadas por amigos infiéis. 35, 61

Linho – prosperidade e felicidade. 32, 73

Lírio – se vir um lírio, você sofrerá muito pesar em virtude de doenças e morte. Porém, se os lírios estiverem crescendo em grandes quantidades em um campo verde, o sonho significa casamento precoce seguido de viuvez. 6, 68

Livro de bolso – perder um indica desentendimentos com amigos próximos. Encontrar um cheio de dinheiro indica boa sorte e alcance dos sonhos do coração. 48, 27

Livro de registro – se você pega um livro de registro, isso significa desordem e dúvidas. Incluir entradas erradas indica pequenas disputas e perdas leves. Se o livro for destruído pelo fogo, você sofrerá perdas causadas por amigos descuidados. 17, 23

Livros – honras e riquezas se você sonha que os está lendo. Ver seu livro sendo impresso é um aviso contra possíveis perdas em seus negócios. 12, 73

Lixo – perigos de escândalos e negócios desfavoráveis. Para mulheres, esse sonho anuncia problemas no amor. 58, 14

Lobo – você pode empregar um ladrão ou fofoqueiro. O uivo de um lobo pode significar que algumas pessoas se aliaram para vencê-lo em uma competição de negócios. 24, 38

Locomotiva – rápido avanço em sua carreira e muitas viagens agradáveis. Se a locomotiva estiver quebrada ou descarrilada, você sofrerá perdas e dores severas. 91, 65

Loja – prosperidade e avanços em todos os assuntos. 3, 75

Loteria – se você ganhar na loteria, terá sucesso em um negócio duvidoso no qual está envolvido nesse momento. Se você perder na loteria, será vítima de pessoas enganadoras. Se outros ganharem na loteria, desfrutará de muitos encontros felizes com bons amigos. 63, 32

Louças – boa sorte se você tocá-las. Se quebrá-las, má sorte está a caminho. 29, 10

Loucura – você pode esperar problemas e dificuldades em um futuro próximo. 34, 32

---

5 Uma tradução possível para *thread* é rosca. Optou-se pela primeira por se adaptar melhor ao contexto (N. T.).

Louro – o sucesso e a fama algum dia lhe pertencerão. Ganhos em todas as suas empresas. 75, 48
Lua – mudanças para melhor em seus negócios. Sucesso no amor. 65, 34
Luvas – perdê-las denota que você será abandonado por aqueles que ama. Usar luvas novas indica que você terá sucesso em seus negócios após alguns problemas. Se elas forem velhas, você será traído e sofrerá perdas. 71, 2
Luz – sucesso em suas negociações. Luz turva indica sucesso parcial. Se a luz desaparecer, terá decepções em um empreendimento bastante planejado. 34, 56

M

Maçã – suas esperanças se tornarão realidades. Esse é um presságio excelente, que significa paz, esperança e futuro. O sonho só traz mensagens negativas se as maçãs forem imperfeitas, podres ou verdes; sendo então, um mau presságio. Nesse caso, ele quer dizer que todos os seus planos atuais irão dar errado. 4, 11, 44
Macaco – denota doença e má sorte. Cuidado com enganos, um falso amigo poderá ser sua queda. 4, 5, 6
Macarrão – pequenas perdas. Para uma mulher, esse sonho significa que um estranho entrará em sua vida em breve. 18, 70
Macarrão (tipo talharim) – apetite anormal e desejos. Um mau presságio. 44, 90
Machado – você precisará se esforçar para todas as suas conquistas. Para uma mulher, isso significa que seu futuro marido será paciente e bom, mas não rico. Um machado quebrado indica doenças e perda de dinheiro. 13, 42, 6
Maconha – esperanças irrealizáveis perseguirão seus sonhos. Você deve tentar lidar de forma mais confortável com a realidade. 16, 3
Madeira – um escândalo pode vir a ameaçar você e sua família. 59, 7
Madrasta – a morte deve estar próxima. 15, 98
Mãe – uma reunião feliz com alguém amado. 2, 85
Mágica – se no sonho você realizar algo por meio da mágica, terá surpresas agradáveis. Se em seu sonho vir um mágico, você desfrutará muitas viagens interessantes. 54, 17
Malícia – você deve tentar controlar suas paixões. 32, 45
Mancha – problemas por motivos fúteis. Manchas nos outros prognostica que alguém pode vir a traí-lo. 13, 4
Mandíbula – sensações desagradáveis e ruins entre amigos. Há também a possibilidade de doenças tanto para você quanto para alguém

próximo. 1, 63

Mansão – você possuirá riqueza. Se a mansão for mal-assombrada, você deparará com azar repentino em meio à felicidade. 48, 71
Manteiga – se a manteiga parece fresca e dourada, você desfrutará boa saúde e sucesso por meio de um planejamento paciente. 23, 62
Manuscrito – se o manuscrito não estiver terminado, isso significa decepção. Se for bem escrito e estiver concluído, você realizará seus maiores desejos. 32, 91
Mão – se as mãos forem belas, você desfrutará de fama e distinção. Se elas forem feias e mal formadas, ocorrerão pobreza e decepções. Se você usar suas mãos sujas, você será invejoso e injusto com outras pessoas.
Mapa – mudanças nos negócios que ocasionarão alguns desapontamentos, mas também muito perigo. 56, 82
Maquiagem – alguém pode estar tentando lhe enganar. 85, 71
Maquinário – um novo empreendimento lhe encherá de ansiedade, mas finalmente culminará no sucesso. 29, 57
Mar – escutar as ondas do mar se quebrando significa uma vida solitária sem um amor ou um companheiro fiel. Também desejos não realizados. 67, 30
Marfim – boa sorte e sucesso financeiro. 90, 42
Margaridas – se vistas em um buquê, significam tristeza. Se estiverem no campo, entretanto, denotam felicidade e saúde radiante. 8, 27
Marido – muitas mudanças em sua vida. Se você o vir morto, terá de lidar com decepções e mágoas. Se ele estiver saudável e feliz, sua casa será preenchida com alegria e prazeres. 55, 7
Marinha – batalhas vitoriosas e controle de inimigos. Este sonho prevê muitas viagens felizes. 99, 57
Mármore – você deparará com muito sucesso financeiro, porém sua vida social será vazia de afeto. 15, 41
Marrom – essa cor revela um estado de confusão e depressão em seus assuntos particulares. Se alguma outra pessoa está vestida com essa cor, ela se sente infeliz na relação que mantém com você. 44, 84
Marte – você sofrerá muita infelicidade vinda da crueldade de certos amigos bastante conhecidos. Além disso, fique atento a inimigos que tentam prejudicá-lo. 18, 51
Martelo – obstáculos difíceis de serem ultrapassados. 48, 50
Martírio – você ganhará muitas honras e distinções. 73, 91
Máscara – se você estiver perto de uma máscara, enfrentará problemas temporários. Ver outras pessoas usando máscaras denota que você terá de lidar com falsidade e inveja. 41, 57
Massa para torta – vê-la revela decepção e traição. Comê-la revela amigos fiéis e bons. 18, 57

Matraca – uma vida familiar feliz e sucesso em todos os seus projetos. 83, 45

Mausoléu – doença, morte e dor para um amigo conhecido. Se você se encontra dentro de um mausoléu, deparará com sua própria doença. 13, 85

Mecânica – mudança de residência e um negócio mais ativo. 95, 4

Medalha – honrarias adquiridas por meio de trabalho duro e devoção. Perder uma medalha significa tristeza e dificuldades em virtude de infidelidade de outros. 33, 8

Medicamento – se o medicamento tem um gosto agradável, você terá problemas, mas encontrará uma solução que lhe será apropriada. Se o medicamento é desagradável, você deparará com uma doença ou perda. Se você for administrar o medicamento a outros, magoará alguém que confia em você. 77, 25

Médico – se encontrar um médico socialmente, trata-se de um sonho de bom agouro indicando boa saúde e prosperidade. Se for ao seu consultório para um encontro profissional, doenças sérias ocorrerão para você ou alguém próximo. 21, 74

Medida padrão – sonhar com medidas padrão significa que você é hipercrítico e que seus amigos se aborrecem com isso. 47, 25

Medo – ter medo em um sonho revela ansiedade se aproximando diante de uma situação que logo você terá que enfrentar. É um chamado do inconsciente para ser forte e ter fé em seus próprios poderes interiores, já que você só pode vencer se tentar. 75, 49

Meias – tome cuidado com imoralidade e companhias dissolutas. 13, 4

Mel – você terá grande riqueza. Comê-lo significa que você desfrutará tanto de riqueza quanto de amor. 55, 7

Melão – o amigo em quem você mais confia está rindo em suas costas. 47, 38

Mendigo – em breve você verá uma mudança de sorte que lhe trará muitos ganhos financeiros. 56, 29

Menino – sua família irá crescer em virtude de um nascimento bem-vindo. 1, 30

Mensagem – se você receber uma mensagem, significa que haverá mudanças em seus negócios. Se enviar uma mensagem, encontrará alguém em situação desagradável. 16, 5

Mentira – você sofrerá ou infligirá aos outros com atos desonrados e crítica injusta. 18, 77

Mentiroso – irritação em virtude de uma pessoa enganadora. 15, 48

Mercado – poupança e muita atividade em seu trabalho. Se o mercado estiver vazio, isso significa depressão e tristeza. 12, 82

Mergulho – atente-se a empreendimentos especulativos que poderão custar caro. 82, 40
Mesa – uma mesa preparada para uma refeição anuncia uniões felizes e prosperidade. Caso esteja vazia, haverá pobreza e discussões em um futuro próximo. 11, 83
Microscópio – fracassos e pequenos ganhos em seus negócios. 9, 12
Milho – sonhos com retirar palha de milho indicam grande fortuna. Se outros colherem milho, você se alegrará com a boa sorte de alguém querido. 55, 23
Milionário – você deve ouvir o conselho de amigos. 10, 2
Mina – fracasso nos negócios. Ser dono de uma mina significa riquezas futuras. 23, 60
Mingau – sonhar que está comendo um revela o aproveitamento de merecida boa sorte. 65, 39
Ministro – azar e mudanças desagradáveis, além de viagem. 38, 50
Miséria – infelicidade e danos advindos de seu próprio egoísmo. 10, 32
Mistério – mudanças para melhor em sua vida. Fique atento à negligência de suas tarefas. 26, 4
Mobília – seu trabalho sempre o manterá dentro da classe operária, com poucas oportunidades de honras e distinções. 32, 76
Mochila – terá grandes surpresas e alegrias entre pessoas completamente estranhas. 39, 27
Moedas – se forem feitas de ouro, você terá muita prosperidade e viajará para longe. Se forem feitas de prata, má sorte e conflitos familiares estão por vir. Se seu amante lhe der uma moeda de prata, a pessoa está planejando terminar a relação. Moedas de cobre ou níquel significam má sorte e tristeza. 32, 56, 13
Moinho de vento – felicidade e prosperidade chegando. 53, 26
Moléstia – problemas e doenças sérias estão a caminho. 36, 82
Molhar – sonhar que está molhado significa prazeres que podem envolvê-lo em perdas e escândalos. 73, 54
Moluscos – você terá de lidar com uma pessoa teimosa, mas honesta. Comê-los denota que você desfrutará da prosperidade de outra pessoa. 90, 55
Monge – problemas familiares e viagens desagradáveis. 15, 80
Monstro – se o monstro lhe perseguir, você deparará com tristezas e preocupações em breve. Matar um monstro significa que você superará seus inimigos e subirá de posição. 1, 22
Montanha – escalar uma montanha indica acréscimo de riqueza e distinções. Se você cair de uma montanha ou não conseguir atingir o cume, enfrentará retrocessos e decepções. 8, 60

Morangos – muitos ganhos e prazeres na vida. Você alcançará algo que deseja há muito tempo. Comê-los significa que seu amor retornará. 67, 81
Morcegos – sonhar com essa criatura denota perigos e doenças. A morte de parentes ou amigos é indicada, assim como o perigo de perder um membro ou a visão. Um morcego branco certamente representa um presságio da morte, frequentemente a de uma criança. 42, 89
Mordomo – poderá haver uma doença longa e fatal em sua família. Fique atento ao que você escreve em uma carta ou documento, uma vez que isso pode ser usado contra você. 26, 30
Mortalha – doenças e ansiedade são o resultado dela. Tome cuidado com mentiras de amigos. Declínio nos negócios é uma ameaça. 21, 69
Morte – ver outros morrendo atrai má sorte tanto para você, quanto para aqueles que lhe cercam. Ver seu próprio fim anuncia que você está em perigo de calamidades físicas causadas por algo ou alguém que é uma fonte de prazer. 88, 49
Mortos – atente-se a problemas que estão por vir. Se observar o morto bem e feliz, significa que você está deixando influências erradas entrarem em sua vida. 19, 62
Moscas – o sonho denota enfermidades e doenças contagiosas. Para mulheres, anuncia problemas no amor. 16, 97
Mudez – julgamentos na vida e azar. 66, 18
Mulher – intrigas e perdas, caso você não tome cuidado. 8, 79
Mulher idosa – negócios de sucesso e surpresas felizes. 23, 78
Multidão – uma multidão de pessoas bem-vestidas denota amigos agradáveis. Uma multidão em uma igreja significa morte na família. Se ela estiver na rua, bons negócios e prosperidade. 7, 19
Museu – você adquirirá muitos bens valiosos ao longo de sua vida. 3, 57
Música – prazer e prosperidade. 24, 63

N

Nádegas – você pode esperar boa sorte e sucesso em um futuro próximo. 60, 71
Namorado – você encontrará um parceiro com o qual se casará. Essa pessoa trará tanto recompensas emocionais quanto estabilidade financeira para a sua vida. 73, 26
Narciso (planta) – você terá sorte no amor. 75, 19, 1
Narcóticos – fidelidade de suas obrigações a outros. 3, 25
Nariz – mudanças nos negócios, geralmente para melhor. 67, 27

Nascimento – você encontrará seu prazer social obscurecido por aflições inesperadas. 29, 81
Natação – se o ato de nadar é agradável e sem esforço, você terá muito sucesso. Se for o contrário, você terá frustrações em seus negócios. 62, 85
Navalha – discussões e problemas com parentes e sócios. Caso sonhe que está se cortando com uma navalha, você não terá sucesso em um novo negócio. 38, 24
Navegação – se você sonhar que está navegando em águas calmas, achará fácil ter sucesso em todas as coisas da vida. 25, 47
Navegante – você aproveitará muitas viagens felizes e vantajosas. Para mulheres, esse sonho anuncia a separação de seu/sua amado(a). 26, 40
Navio – honras e distinções. Caso o barco esteja passando por problemas devido a uma tempestade forte, você terá dificuldades em seus negócios. 34, 75
Neblina – viajar através de uma neblina espessa indica que você terá muitas preocupações nos negócios. Se você ultrapassá-la, também vencerá seus problemas. 20, 36
Neve – sofrimento e desapontamento especialmente se você se vê no meio de uma nevasca. 26, 79
Nevoeiro – futuro incerto e infelicidade em casa. 5, 61
Ninfa – desejos apaixonados serão realizados. 35, 97
Ninho – um empreendimento novo gerará lucro. Para a mulher, isso significa uma nova moradia. 19, 43
Nó – você se preocupará com ninharias. Dar nós significa que você tem uma natureza independente e não se permitirá ser controlado por seu amor ou cônjuge. 16, 40
Noite – opressão inusitada e dificuldades nos negócios. 16, 39
Noiva – você receberá dinheiro de forma inesperada, se estiver vestida de noiva. Beijar uma noiva significa reconciliação com amigos. Se ela lhe beija, você desfrutará boa saúde e o amor de uma pessoa rica. 55, 97
Noivado – sonhar que está em um quer dizer atrasos no sucesso e muitas preocupações. Sonhar que está vendo o seu próprio quer dizer que você passará por um luto enorme e há a possibilidade de falecimento em sua família. 65, 47
Noivo – você logo passará por eventos tristes. 8, 31
Nora – um evento incomum afetará sua vida em breve, para o bem ou para o mal, dependendo da atitude da nora em seu sonho. 76, 45
Notícias – boas notícias prognosticam negócios bem-sucedidos. Más notícias anunciam o contrário. 71, 28
Noz – empreendimentos bem-sucedidos e romances felizes. 55, 7
Nudez – se estiver nu em um sonho, você terá de enfrentar escân-

dalos e compromissos imprudentes. Se outros estiverem nus, você será tentado a abandonar suas obrigações. Fique atento a amigos insinceros. 88, 54
Nuvens – pesadas e escuras são um presságio de dificuldades que estão por vir. Se chuva estiver caindo, o sonho denota doenças e problemas. Nuvens claras, com o sol brilhando através delas, indicam sucesso após um problema. 24, 6

O

Oásis – reunião agradável com amigos de longa data. 56,42
Obituário – notícias ruins muito em breve. 8, 16
Oceano – se no sonho ele aparece calmo, significa que você fará negócios lucrativos. Se aparece turbulento, você escapará por pouco de ferimentos e armadilhas de inimigos. 15, 76
Óculos – você terá amigos desagradáveis com os quais terá problemas ao tentar desatar seus laços. 5, 67
Ódio – esse sonho é um mau presságio anunciando feridas causadas por ações rancorosas. 98, 66
Oftalmologista – você será infeliz com o progresso que terá na vida. 17, 54
Óleo – você controlará seu destino e o dos outros. Quantidades grandes de óleo revelam excesso de prazer. 14, 82
Óleo de castor[6] – você não confia em um amigo que é sincero e está tentando ajudá-lo. 4, 82
Olho – alguém está observando-o na tentativa de causar danos. No campo amoroso, esse sonho indica que alguém está tentando tirar a pessoa amada de você. 31, 81
Ombro – os ombros de outras pessoas indicam mudanças que transformarão sua maneira de ver a vida. 8, 75
Omelete – tome cuidado com bajulação e decepção. Caso você sonhe que está comendo um, alguém em quem confia abusará de sua amizade. 34, 61
Ondas – você está planejando dar um passo importante e se o sonho for com águas claras, será bem-sucedido. Se a água for turva, o fracasso está sendo anunciado. 9, 47
Ônibus – mal-entendidos com amigos e falsas promessas. 81, 47
Ópera – amigos fiéis o animarão e suas questões funcionarão bem por algum tempo. 74, 39
Ópio – estranhos o farão passar por dificuldades na vida. 86,50

---

6 Também conhecido como óleo de rícino (N. T.).

Oração – você estará em perigo de fracasso em seus planos. 11, 23
Orangotango – alguém está se aproveitando de sua influência para movimentar seus próprios esquemas egoístas. 11, 83
Orelha – alguém está prestando atenção em você com a intenção de descobrir sobre suas relações para, no futuro, ser capaz de causar problema. 98, 16
Órfão – você será beneficiado pelo trabalho alheio. 33, 75
Órgão – sonhar que está escutando um indica amizades duradouras e um futuro longo. Avistar um em uma igreja indica morte em família ou separações. 14, 87
Órgãos sexuais – você receberá uma enorme quantia em dinheiro em breve. 33, 75
Orquestra – sonhar que está escutando uma revela que você será querido, devido a sua benevolência em relação aos outros. Se você se vê tocando terá diversões excelentes e muita afeição de seu/sua esposo(a). 4, 92
Ossos – vê-los protuberantes na carne significa que traição está sendo tramada contra você. Ver uma pilha de ossos denota pobreza e mesmo fome lhe cercando, assim como uma ameaça de contaminações em seu ambiente próximo. 87, 46
Ostra – ver ostras revela uma vida simples e muitas crianças. Comê-la revela que você se envolverá com prazeres "inferiores". 46, 15
Ouro – você será muito bem-sucedido em seus empreendimentos. Seus talentos superiores tornarão mais fácil que você atinja honras e riqueza. 15, 72
Outono – você conseguirá adquirir propriedades devido aos esforços de alguém que se importa muito com você. Sonhar que está se casando no outono é um presságio de uma vida de casado feliz e harmoniosa. 55, 75, 7
Ovelha – se elas são gordas e saudáveis, há muita felicidade e prosperidade reservada para você. Se elas estiverem magras e famintas, predizem infelicidade por meio de fracasso nos negócios. 81, 35
Ovo – um ninho com ovos indica riqueza e felicidade, além de vida conjugal em harmonia e muitos filhos. Comer ovos denota distúrbios incomuns em casa. 44, 20

P

Pá – trabalho duro que dará retorno. Se a pá estiver quebrada, você terá perdas. Você possui talentos criativos. 24, 7
Pacote – sonhar que está recebendo um, indica recreações agradáveis. Se no sonho você está enviando um, significa que terá experiências de perdas menores. 81, 7
Padrasto – boa sorte e muitos ganhos nos negócios. 31, 8

Padre – um presságio de muito azar a caminho. 78, 45
Página – tenha consciência de estar desrespeitando a lei. 65, 4
Pagode[7] – ver um significa que logo você terá condições de partir para uma jornada planejada há muito tempo. Sonhar que está fazendo uma viagem assim com alguém amado significa que em breve passará por acontecimentos inesperados e que eles ocorrerão antes que você se case. 90, 31
Pai – você encontrará dificuldades que pedirão conselhos sábios de uma pessoa experiente. Se seu pai estiver morto, o sonho é um aviso contra possíveis perdas nos negócios. Exercite cuidados em todos os seus negócios. 93, 50
Pais – se eles parecem bem e felizes, você pode esperar agradáveis mudanças em sua vida. Caso eles apareçam em seu sonho após terem falecido, é um aviso de que problemas estão a caminho. 43, 85
Paisagem – você alcançará muitas honras e distinções. 17, 61
Palácio – lucros e distinções. 55, 38
Palha – vazio e fracasso em sua vida. Você alcançará algo que deseja há muito tempo. No caso de palha, se estiver queimando significa vitória sobre as dificuldades e prosperidade se anunciando. 17, 56
Palhaço – você receberá a notícia da morte de alguém. 88, 44
Panqueca – grande sucesso em todos os seus empreendimentos. 4, 83
Pântano – adversidade e aflição. Decepções em sua vida amorosa. Se o pântano for claro e rodeado por muito verde, você eventualmente terá prosperidade e sucesso após muita intriga e convivência.
Pantera – ver uma indica perdas nos negócios. Se você está matando uma, significa que em breve terá muito sucesso. 18, 3
Pão – esse sonho indica frugalidade. Se o pão se multiplica, você alcançará o sucesso. 22, 43
Pão francês – comer pão significa riqueza e satisfação pessoal. Ver ou sentir o odor de pão fresco indica libertação de preocupações financeiras. 61, 74
Papa – se você sonha que o papa não está dizendo nada, você se curvará a algum outro mestre religioso. Se no sonho ele fala com você, obterá honra e distinção. 34, 83
Papagaio – se ele tagarela, significa que você está perdendo tempo ficando à toa e jogando conversa fora, falando de coisas pouco importantes. 65, 72
Papel – perdas devido a processos e brigas domésticas em casa. 73, 51
Para-choque – você pode ter a certeza de perdas devido a seus próprios excessos. 13, 6
Parada – você pode ter a certeza do amor e da fidelidade de seu

---
7 Templo pagão (N. T.).

amado(a). 55, 14
Parafuso – cumprirá tarefas cansativas por pouco ganho. 14, 23
Paraíso – se você ascender ao paraíso no sonho, verá suas alegrias se transformarem em tristezas. Uma pessoa jovem subindo em uma escada encontrará uma posição de destaque na vida. 13, 10
Paralisia – você provavelmente terá problemas financeiros, desapontamento em esperanças literárias e problemas no amor. 17, 36
Parceiro – se no sonho seu parceiro for um homem, você passará por incertezas, altos e baixos relacionados a problemas. Uma parceira mulher indica negócios secretos. 67, 53
Parcela – receber uma revela que você logo presenciará o surpreendente retorno de alguém ausente e que você ama. Carregar uma significa que você terá que realizar uma tarefa que não deseja. 27, 81
Pardal – você será rodeado por muito amor e conforto. Se o pardal está ferido ou golpeado, você terá experiências de tristeza em um futuro próximo. 76, 50
Paredes – se elas obstruírem seu caminho, tenha consciência de influências negativas que podem custar muito. Se você as está pulando, isso quer dizer que enfrentará os obstáculos que se colocarão em sua vida e conquistará seus planos. 21, 70
Parentes – você está prestes a receber notícias ruins de alguém próximo. 64, 88
Parques – parques agradáveis revelam horas alegres. Parques abandonados prognosticam momentos ruins inesperados. 97, 48
Páscoa – muita felicidade e alegria estão a caminho. Novas esperanças em um amor que parecia perdido. 7, 65
Passageiro – se passageiros estiverem chegando, isso significa melhoras em sua vida diária. Se eles estão partindo, você perderá a oportunidade de adquirir propriedades muito desejadas. 33, 89
Passar roupas – conforto doméstico e vida familiar feliz. Se você queimar suas mãos, terá de enfrentar ciúme e possíveis problemas de saúde. 21, 76
Pássaros – pássaros voando significam alegria e prosperidade. Um pássaro ferido é um símbolo de sofrimentos vindouros pela descendência. 33, 12
Passos – passos ascendentes prognosticam que honra e prosperidade superarão sua ansiedade atual. Passos que descem significam problemas próximos em seus negócios. 14, 58
Patos – os selvagens indicam jornadas felizes. Caçá-los anuncia falta de emprego. Vê-los mortos por tiros denota que inimigos estão se intrometendo em suas relações. 35, 74

Pavão – você cairá e se decepcionará em relação ao senso de honra de seu amor. 88, 47
Pedra – muita confusão e fracasso. Jogar uma pedra indica que em breve repreenderá alguém. 43, 16
Pedreira – se os homens estão trabalhando em uma pedreira, você avançará na vida por meio de bastante trabalho. Se a pedreira está vazia, você terá decepções e tristezas. 17, 69
Pegar carona – um futuro incerto o espera, mas você encontrará muita ajuda de artistas e pessoas criativas. 88, 74
Peito – você passará por discussões com membros de sua família. 79, 23
Peixe – se você os enxergar em águas limpas, será favorecido pelos ricos e famosos. Peixes mortos indicam perdas causadas por calamidades inesperadas. Pescar anuncia que você desfrutará da riqueza obtida por seus próprios méritos. 60, 71
Pele – presságio de boa sorte a caminho. 13, 10
Peles – lidar com peles denota prosperidade e muitos interesses variados. Vestir-se com elas indica que você nunca passará por necessidades na vida e sempre terá abundância à sua volta. 99, 7
Penhasco – tome cuidado, pois um grande fogo pode destruir sua propriedade. 15, 48
Penitenciária – infelicidade em casa e negócios que darão errado. 29, 78
Pensão alimentícia – responsabilidades evitadas. Dificuldades financeiras se aproximando. 32, 61
Pente – sonhar com pentear o cabelo de alguém significa doença ou a morte de um amigo ou familiar. 9, 16
Pepino – muitas preocupações e problemas no amor devido à fofoca. Tome cuidado com decepções ao seu redor. 23, 42
Pera – comê-la revela saúde ruim e não ter sucesso em relação a algo. Vê-la em uma árvore é um bom presságio de melhora em seus investimentos. 6, 93
Perda – boa sorte a caminho. 17, 39
Perdão – sua dificuldade atual será resolvida de forma vantajosa para você. 56, 73
Perfume – aspirá-lo indica eventos alegres que ocorrerão em sua vida. Borrifá-lo quer dizer que você perderá algo de que gosta muito. 82, 4
Pernas – pernas bem moldadas indicam destino feliz e bons amigos. Se as pernas forem amputadas ou não puderem ser usadas, você deparará com decepções e pobreza. 22, 34
Pérola – seus negócios melhorarão e você terá surpresas agradáveis em breve. 11, 74
Peru – ganhos nos negócios e melhorias em seus assuntos particula-

res. Caso sonhe que está comendo um peru, significa que em breve passará por situações muito boas. 56, 39
Peruca – sonhar que está usando uma quer dizer que logo você fará mudanças em sua vida. Caso os outros a estejam usando, quer dizer que você está cercado por pessoas falsas. 66, 42
Pés – seus próprios pés anunciam desespero e perda do autocontrole. Ver os pés de outra pessoa significa que você estará no controle de todas as suas relações e ninguém será capaz de dominá-lo. 4, 11
Pesadelo – falha nos negócios. Preste atenção ao que você come. 21, 98
Pescoço – fim de relações e separações. 24, 5
Pêssego – sucesso e felicidade em todas as suas empreitadas. 34, 82
Peste – eventos desagradáveis logo aparecerão pelo caminho. 83, 61
Piada – você deve tentar aproveitar sua vida o máximo que puder. 71, 60
Piano – vê-lo indica a ocorrência de um evento bem feliz. Sonhar que o estamos tocando significa conquistar um amor em potencial. Escutar piano prognostica boa saúde e sucesso. 24, 7
Picada – você tem muito trabalho pela frente e não deve adiá-lo se puder realizá lo. Pode sofrer perdas por meio de um amigo. 92, 37
Picles – você está desperdiçando energias em objetivos nada positivos. 13, 8
Pílula – muitas responsabilidades e poucas recompensas. 8, 16
Pinça – situações desconfortáveis o afligirão e entristecerão sua vida. 65, 99
Pingente de gelo – tristeza e falta de sorte em breve desaparecerão de sua vida. 16, 63
Pinhão – perdas nos negócios, mas uma companhia agradável para a vida. Comê-los denota ultrapassar problemas. 31, 62
Pinturas – ver belas pinturas em suas roupas revela advertências em relação a amigos traidores ou prazeres elusivos. Caso se veja pintando algo, significa satisfação com seu atual emprego. 56, 92
Piolho – preocupações e agonias, assim como a possibilidade de uma doença séria. 22, 31
Pipa – empinar pipa denota que você se exibirá na frente de seus amigos, sem nenhuma base ou razão. Se a pipa cair no chão, você terá decepções nos negócios. 6, 38
Piquenique – felicidade por vir e muito sucesso. 19, 1
Pirâmide – muitas mudanças estão em seu planejamento de futuro. Se no sonho você estiver subindo uma pirâmide, ainda há um longo caminho até que você alcance seus objetivos de vida. 61, 36
Pirata – você enfrentará perigo e se decepcionará com falsos amigos. Se você é um pirata no sonho, perderá o suporte e a estima de amigos antigos ou de sócios. 24, 75

Pistola – ver uma pode ser presságio de má sorte a caminho. Se no sonho estiver atirando com uma, tome cuidado para não chegar a conclusões erradas e, em consequência, não ser injusto com alguém. 26, 14
Planeta – uma jornada desagradável e trabalho depressivo estão reservados para você. 26, 32
Planície – cruzar uma indica que você terá boa sorte em conquistar uma posição melhor, caso a planície seja coberta com grama. Se estiver árida, o oposto ocorrerá. 18, 53
Plumas e penas – se estiverem à sua volta, as dificuldades de sua vida serão carregadas com facilidade. Penas de galinhas indicam pequenas irritações. Plumas negras indicam problemas no amor e tristeza na vida pessoal. 8, 41
Pó – pó saudável ao redor de flores indica saúde e uma vida longa. Se suas roupas estiverem empoeiradas, você estará em risco de contrair uma doença contagiosa. 71, 41
Pobreza – preocupações e perdas. 15, 39
Poço – tirar água de um indica alcance de seus desejos. Ver um vazio ou cair em um indica sofrimento e azar. 87, 37
Poeira – perdas nos negócios causadas por erros alheios. 82, 71
Polca – sonhar que está dançando polca significa que suas especulações leves terão sucesso. 76, 43
Polícia – você terá sucesso em superar rivais, contanto que no sonho a polícia não o prenda. Caso isso ocorra, tome cuidado com o perigo ao seu redor. 76, 82
Político – sonhar com políticos significa desentendimentos e sentimentos de doença entre você, seus sócios e família próxima. 54, 89
Pólvora – tome cuidado para não decepcionar as pessoas ao seu redor. 37, 51
Pomar – ver um pomar repleto de frutas significa que você terá reconhecimento pelo trabalho bem feito que realiza e terá uma vida feliz. Se o pomar for vazio, significa que você perderá a oportunidade de galgar posições mais elevadas na vida. 59, 62
Pombas – ver, ouvir ou escutar sons de pombos revela a paz doméstica e crianças agradáveis. 17, 5
Pombo – ver um par de pombos construindo um ninho indica paz e alegria por vir. Um pombo morto significa separação entre marido e esposa ou entre amantes. 58, 13
Pônei – especulações moderadas terão sucesso. 68, 91
Ponte – atravessar uma ponte com segurança significa dificuldades vindouras. Ver uma ponte caindo significa que você deve ficar atento a pessoas traiçoeiras a sua volta. 16, 38

Pôquer – sonhar que está jogando pôquer indica tomar cuidado com pessoas ruins. 83, 14
Porão – se você estiver descendo para um porão, precisará procurar dentro de si mesmo por uma solução para os problemas. Se estiver preso em um, irá se encontrar em uma rotina com poucas oportunidades de seguir em frente. 98, 59
Porcelana – pintá-la ou arrumá-la denota que você terá uma casa agradável e desfrutará de muito conforto e prazer. 5, 29
Porcos – se os porcos forem gordos e saudáveis, mudanças positivas nos negócios e sucesso em relações pessoais. Se forem magros e sujos, anunciam dificuldades e preocupações. 74, 38
Porta – entrar por uma porta indica calúnia. Fechar uma porta denota proteção contra inimigos. Ver uma porta fechada anuncia oportunidades perdidas. 9, 17
Portão – passar por um portão indica notícias infelizes de alguém que está longe. Ver um portão fechado denota dificuldades em meio a dificuldades vindouras. 54, 37
Postagem – boa organização em seu negócio que dará um bom retorno financeiro. 57, 62
Pote – se o pote estiver vazio, terá com pobreza e angústia. Se o pote estiver cheio, você obterá sucesso em seu trabalho. 36, 71
Pouso – você terá problemas ao encarar suas obrigações. 42, 95
Prata – preocupações e desejos insatisfeitos. Tome cuidado com uma grande dependência de dinheiro para o alcance da verdadeira felicidade e paz. 46, 94
Prato – para uma mulher, esse sonho indica um bom esposo e uma vida familiar feliz. 37, 67
Prazeres – muitos benefícios e prazeres pessoais. 73, 96
Prédio – se vir um prédio atraente em seu sonho, você desfrutará uma vida longa e produtiva, com muitas viagens e muitos prazeres. Se o prédio estiver dilapidado, você deve atentar para problemas de saúde e perdas no amor e nos negócios. 76, 54
Prefeitura – dificuldades e possíveis processos judiciais. Para uma mulher, esse sonho significa um possível fim de relação com seu amado. 59, 3
Pregos – muito trabalho e poucas recompensas. Se os pregos estiverem enferrujados, fique atento a doenças e a perdas nos negócios. 64, 82
Prêmio – tenha fé em você mesmo e superará todas as dificuldades. 22, 16
Presente – receber um presente representa sorte nos negócios e no amor. 55, 89
Presunto – você estará em perigo de ser usado por outros. Cortá-lo significa que você irá superar seus rivais e concorrentes nos negócios. Comê-lo indica que você perderá algo de valor. 97, 32

Preto – muitos períodos de dificuldade pela frente. 8, 13
Primavera – incumbências afortunadas e companhias agradáveis. 1, 92
Primo – decepções e aflições. Se você sonhar com um, ou receber uma carta amigável de um primo, você quebrará relações com sua família. 17, 15
Princesa – tome cuidado com orgulho e arrogância, especialmente por parte de seus amigos. 44, 6
Príncipe – você em breve receberá um presente. 67, 93
Prisão – um presságio maligno, noticiando infelicidade e azar, a não ser que no sonho alguém esteja saindo da prisão. 44, 6
Prisioneiro – se você se vir como prisioneiro, terá de lidar com traição. Se vir outra pessoa como prisioneiro, você se ligará a pessoas de baixo calibre moral. 38, 58
Processo – fique atento, pois inimigos estão tentando destruir sua imagem pública. 29, 90
Procurador – seus amigos lhe causarão mais preocupações que seus inimigos. Disputas sérias surgirão inesperadamente. 10, 7
Professor – sonhar com um professor anuncia convite para festividades importantes. 16, 48
Prostituta – você se entregará em demasia a prazeres vazios. 58, 94
Pudim – decepções e pouco sucesso em seus projetos. 18, 54
Pulgas – armações maldosas contra você. Se elas o picarem, o sonho denota inconstância de seu amado. 8, 21
Pulmão – você pode estar encarando uma doença séria. 59, 83
Pulo – você alcançará seus desejos após muitos esforços. 79, 32
Púlpito – você passará por desilusões nos negócios e problemas em sua vida. 29, 63
Pulseira – essa é uma indicação de um casamento precoce. 31, 49

Q

Quadril – quadris bem formados anunciam que você passará por dificuldades no amor ou em sua relação conjugal. Quadris estreitos significam doenças e decepções. 13, 4
Quadro-negro – se vir algo escrito no quadro-negro, você ficará sabendo sobre a doença de um parente ou amigo próximo. Isso também indica reviravoltas financeiras. 14, 86
Quarentena – você ficará em uma posição ruim devido a planos maléficos de inimigos. 82, 48
Quarto – você viajará para países estrangeiros e desfrutará a companhia de amigos agradáveis. 55, 3

Queda – sonhar com quedas indica lutas que culminarão em vitórias. Se você se ferir durante a queda, sofrerá perdas e dificuldades. 32, 69
Queijo – comê-lo denota sérias decepções. 20, 39
Queimadura – boas notícias devem aparecer em breve. Se você se queimar, isso significa aprendizagem por meio de erros, para sua vantagem. 61, 19
Queixo – seus negócios passarão por melhoras no futuro. 8, 19
Questão – você será honesto e terá sucesso em seus negócios. 32, 81
Quiromancia – você será pivô de suspeitas. 82, 69

R

Rabanete – se no sonho ele está crescendo, é presságio de algo muito positivo. Se você aparece comendo vários rabanetes, você logo terá desapontamentos devido à falta de consideração de um amigo. 17, 42
Rabino – mudanças favoráveis ao seu redor. 17, 56
Rainha – aventuras de sucesso. 77, 16
Raio/relâmpago – felicidade e prosperidade, mas por um período curto. Se o raio lhe atinge, dores inesperadas afligirão tanto seu amor quanto suas finanças. 66, 47
Raios X – tome cuidado com fogo ou com queimaduras. 90, 67
Raiva – julgamentos difíceis o esperam. Você ficará desapontado no amor e encontrará inimigos que podem atacá-lo. Se os outros ficarem com raiva de você e você mantiver sua compostura, conseguirá superar dificuldades que estão por vir. 16, 41, 44
Raízes – caso você veja raízes de árvores ou plantas, é um sinal ruim tanto para a saúde quanto para os negócios. 27, 37
Raposa – caçar uma raposa significa que você está envolvido em negócios duvidosos e relações amorosas arriscadas. Se matar uma, vencerá em todos os seus negócios. 54, 37
Raquete – você não aproveitará o prazer que antecipou. 97, 54
Ratazana – você tem vizinhos mentirosos. Tome cuidado para não encontrar injúrias em meio a eles. Se no sonho você está matando um rato, terá sucesso sobre todos os seus inimigos. 18, 74
Ratos – problemas domésticos e amigos falsos. Além disso, esse sonho anuncia um mau presságio para os negócios. 77, 1
Realização – você sofrerá empecilhos causados pela falta de cuidado de outros. Uma espera por realização indica que você vencerá todas as dificuldades e atingirá felicidade e sucesso. 14, 62

Recepção – obrigações muito agradáveis. 66, 81
Recifes (de corais) – amizades duradouras serão um estímulo em sua vida. Corais brancos prevêem infidelidade no amor. 58, 25
Rede – problemas e decepção. 18, 32
Rédea – você se engajará em um negócio duvidoso, mas terá sucesso no final. 39, 40
Redemoinho de água – perigos nos negócios por meio de intrigas. 86, 53
Redemoinho de vento – você enfrentará mudanças calamitosas em sua vida, as quais podem vir a trazer muita infelicidade. 8, 32
Refúgio – ver um significa desejos realizados e certeza de um futuro bom, mas também prediz brigas entre amantes. Viagens de negócios para marujos.
Registro – registrar-se em um hotel indica aventuras e eventos inesperados. Nas piscinas, indica uma mudança no governo. 11, 4
Rei – suas ambições podem levar o seu melhor se não forem controladas ou direcionadas paralelamente a linhas construtivas. 12, 73
Relatório – alguém está prestes a falecer em sua família. 76, 43
Religião – discordâncias e separações tanto nos negócios quanto no amor. 27, 67
Relógio – sonhar com um relógio indica prosperidade em todas as suas empreitadas. Olhar as horas em um relógio significa que você superará seus rivais. 35, 20
Relógio de corda – esse sonho é um aviso para que você se atente aos inimigos em sua volta. Se você ouvir um relógio soar a hora, você receberá notícias desagradáveis. A morte de um amigo pode estar perto. 86, 20
Remendo – se você usa remendo em sua roupa, não teme cumprir suas obrigações, não importa quão dolorosas elas pareçam ser. Se outros estão usando remendos, a pobreza parece estar próxima. 8, 67
Rena – você será sempre verdadeiro com seus amigos e aceitará suas responsabilidades. 16, 82
Repolho – muita desordem em sua vida. Se o repolho for verde, você sofrerá tristezas amoras e infidelidade no casamento. 58, 24
Répteis – se você sonha que é atacado por um, enfrentará sérios problemas nos negócios. Se você o mata, terá sucesso em superar todas as dificuldades. 23, 75
Resfriado – se estiver passando por um resfriado em um sonho, você está recebendo um aviso para ser cuidadoso com seus negócios, pois você passará por negócios desleais de inimigos ocultos. Doenças também estão por perto. 82, 17
Resgate – a decepção ao seu redor é evidente. Muitas pessoas explorarão sua boa vontade e tirarão dinheiro de você. 86, 49

Resignação – resignar-se a uma posição indica que iniciará novos projetos que podem dar errado. Se os outros estão resignados, você terá notícias desagradáveis. 27, 56
Ressurreição – sonhar que você ressuscita entre os mortos significa que enfrentará problemas graves que logo superará. 14, 85
Restaurante – alguém próximo está desfrutando o que você mais deseja. 7, 13
Restaurantes – tenha cuidado com sua dieta e evite excesso de qualquer tipo. 78, 64
Revanche – perda de amizades e perigo causado por inimigos. 23, 67
Revelação – se você receber uma revelação em um sonho e for algo feliz, você logo será bem-sucedido em alguma coisa. Se não for positiva, você deve superar obstáculos. 96, 54
Revista – você receberá notícias de alguém distante. 31, 76
Revólver – separações e discordâncias. 89, 36
Reza – você está em perigo causado por inimigos e precisará da ajuda de seus amigos para protegê-lo dessa ameaça. 23, 46
Rinoceronte – possibilidade de perda enorme em breve. Se no sonho você está matando um, terá condições de superar obstáculos. 27, 79
Rins – você pode estar ameaçado por uma doença séria. Há também a possibilidade de que brigas ou discussões no casamento estejam se aproximando. 15, 8
Rio – se o rio do sonho for claro e sereno, isso revela felicidade e muitos prazeres e prosperidade. Se as águas estiverem turbulentas ou obscuras, você enfrentará discussões e muito ciúme. 87, 36
Riqueza – você superará problemas em sua vida relativos à construção de um futuro. 73, 46
Risada – sucesso em todos os seus empreendimentos e muitos companheiros agradáveis. Risadas de deboche indicam que você terá um problema de saúde ou com decepções. 76, 54
Rival – sonhar com um rival indica perda devido a sua própria procrastinação, que deveria ser adequada para você. 46, 52
Rixa – muitas discussões e infelicidade ao seu redor. 13, 62
Rocha – felicidade e boa sorte após algum trabalho difícil. 5, 99
Roleta – sonhar com roleta revela que em breve serão necessários esforços e empenho para lidar com rivais e inimigos. 48, 94
Rolha – se tapar uma garrafa com uma rolha, o sonho denota prosperidade e boa sorte por vir. Rolhas de remédios denotam doenças e dificuldades. 91, 28
Rompimento – romper com aqueles próximos a você significa que, em breve, você terá problemas significantes e muito desgastantes. Se

você aparecer rompendo com inimigos, seus negócios e amor progredirão. 29, 78
Rosário – problemas causados por sua própria culpa. 15, 6
Rosários – pessoas em altos círculos irão lhe distinguir por sua amizade. Se você contar as miçangas, terá mais felicidade e boa sorte. 28, 60
Rosas – ver ou cheirar rosas indica prazeres enormes e sucessos em todas as coisas, particularmente no amor. Um casamento feliz deve estar a caminho. Caso as rosas estejam murchas, revelam a ausência de alguém amado. 75, 83
Rótulo – não deixe um inimigo saber nada a respeito de seus negócios privados, ou ele usará o que sabe para prejudicá-lo. 13, 8
Roubo – sonhar que está roubando ou vendo os outros roubarem anuncia má sorte e desentendimentos. 67, 41
Roupas – sujas ou rasgadas indicam fraude e negócios desleais vindas de estranhos. Roupas novas e limpas indicam que prosperidade está por vir. 45, 52
Rua – azares e preocupações sobrepõem-se a esperanças e planos. Qualquer viagem que você faça agora não será tão prazerosa ou benéfica quanto esperado. 52, 6
Rubi – sorte nas transações profissionais e em questões amorosas. Perder indica problemas sentimentais. 85, 92
Ruína – você passará por dificuldades nos negócios ou por destituições. 16, 4
Ruínas – compromissos rompidos entre amantes e negócios profissionais ruins. 16, 35
Rum – bebê-lo indica que você conseguirá bastante dinheiro, mas que se dissipará com o tempo, caso você não tome cuidado. 3, 74

S

Sacrifício – muitas mudanças ao seu redor e nem todas para melhor. 28, 71
Safira – ver uma é anúncio de boa sorte e ganhos. 12, 9
Sal – discordâncias ao seu redor frustram seus esforços para melhorar na vida. Sonhar que está comendo sal significa que seu/sua amado(a) o deixará por outra pessoa. 25, 38
Salada – comê-la indica doença a caminho, tanto quanto pessoas ao seu redor. 76, 52
Salários – sonhar que está a recebê-lo é indicação de que amigos o ajudarão. Pagá-los é sinal de insatisfação crescente. 22, 67

Salmão – boa sorte e ocupações agradáveis. Sonhar que está comendo salmão indica um casamento feliz com um companheiro adequado. 7, 57
Salsa – triunfos alcançados com sucesso no trabalho, boa saúde e uma boa vida em casa. Caso você a esteja comendo, pode esperar ter boa saúde, mas muito trabalho para sustentar sua família. 66, 53
Salto – se sonhar que está pulando sobre algo, você terá sucesso na superação de todos os obstáculos. Se cair durante um salto, você poderá deparar com problemas amorosos e perdas nos negócios em breve. 42, 89
Salvamento – ser resgatado em um sonho significa que escapará de ferimentos ou dificuldades nos negócios. Se você resgata alguém, será apreciado por sua delicadeza com os outros. 13, 45
Samambaia – suas dificuldades presentes logo serão substituídas por sucesso e felicidade. Se as samambaias estiverem murchas, ocorrerá doença na família. 13, 50
Sangue – um sério desapontamento irá lhe trazer muita infelicidade. Fique atento a amigos diferentes e cuide de sua saúde. 99, 89
Sanguessuga – os inimigos estão tentando derrotá-lo nos negócios. 21, 45
Sânscrito – você investigará objetos ocultos com sucesso. 17, 32
Sapato – sua atitude crítica lhe trará muitos inimigos. Sapatos novos são indicações de melhoras em sua vida. 11, 65
Sapo – um amigo sábio e nobre que sempre terá um bom conselho. 73, 94
Sarampo – muitos danos e ansiedades em seus negócios se você tem sarampo. Se outra pessoa tiver a doença, você se preocupará com essa pessoa. 62, 9
Sardas – acidentes desagradáveis estragarão sua felicidade. 67, 84
Sardinhas – comê-las significa que você enfrentará eventos penosos. 66, 18
Satã – tome cuidado com adulação e imoralidade para atingir seus objetivos. Caso consiga superá-los, encontrará sua força interior para superar tentações enormes. 15, 80
Secretária – você está prestes a receber boas notícias. 29, 48
Seda – ambições elevadas serão gratificadas. Reconciliações entre amantes com problemas. 19, 63
Sede – você deseja coisas que estão além do seu alcance. Se no sonho você que está matando a sede, alcançará seus objetivos. 91, 73
Sedutor(a) – você será influenciado por pessoas animadas e artísticas. 56, 92
Segadeira[8] – tome cuidado com acidentes e doenças. 15, 28
Segredo – uma sorte inesperada entrará em sua vida logo. 67, 5

---

8 Instrumento agrícola para segar cereais, capim e grama (N. T.).

Seio – se for volumoso e bem formado, em breve desfrutará de boa sorte. Se for enrugado, murcho ou malformado, você terá muitas decepções no amor. 55, 70
Seixo – você enfrentará rivais que ameaçam sua paz de espírito. 17, 64
Sela/assento – notícias agradáveis se aproximam, assim como visitantes inesperados que estão a caminho. Também há a possibilidade de uma agradável viagem. 83, 71
Selva – terá fortes oponentes nos negócios e dificuldades em todas as relações públicas. 32, 64
Semeadura – semear plantas avisa tempos bons que devem aparecer com ganhos nos negócios.
Semente – você está prestes a deparar com uma prosperidade, ainda que sua atual situação seja pobre. 25, 70
Sereia – você sofrerá decepções em sua vida amorosa. 32, 44
Seringa – alarme falso sobre a doença de alguém. Essa pessoa está menos doente do que acredita. Se uma seringa está quebrada, significa que uma doença se aproxima. 48, 71
Serpente – inimigos ocultos causarão destruição em sua vida. Problemas no amor e imprevistos desconhecidos estão a caminho. 2, 15, 63
Serra elétrica – usar uma indica que você terá muito trabalho a fazer, e ainda vida feliz em casa. Ver uma serra é um presságio positivo, que quer dizer negócios de sucesso. 62, 89
Serragem – um erro sério que causará muito problema em casa. 31, 94
Servente – boa sorte está vindo ao seu caminho, apesar das atuais condições negativas. Tome cuidado com a raiva, já que pode causar brigas desnecessárias. 34, 92
Sexo – fazer sexo com seu/sua esposo(a) ou com a pessoa que você ama significa uniões frutíferas e conquista de desejos. Se um estranho for seu parceiro sexual, tome cuidado com perdas e desgraças públicas. 18, 62
Sinfonia – muitas atividades encantadoras para realizar. 12, 5
Sinos – se eles soarem, você virá a saber da morte de amigos distantes. Se enxergar o Sino da Liberdade, você desfrutará de domínio sobre seus inimigos. 92, 23, 16
Skate – sonhar com um skate significa problemas entre familiares e entre sócios. Ver jovens andando de skate significa boa saúde e prazer ajudando os outros. 56, 41
Sobrancelha – você encontrará obstáculos no futuro imediato. 1, 34
Sobrinha – julgamentos e preocupações infundadas em um futuro próximo. 94, 62
Sobrinho – possibilidade de lucros nos negócios. 79, 51
Sogra – reconciliações agradáveis com alguém que você ama. 11, 70

Sogro – intrigas com amigos ou familiares. Se ele estiver bem e alegre no sonho, você terá reuniões familiares agradáveis. 73, 46
Sol – muitos eventos alegres e prosperidade à vista. Um pôr do sol indica que você deve cuidar de seus interesses que estão sendo gradualmente prejudicados. 24, 72
Soldado – você deve ter cuidado na hora de tomar decisões, já que elas podem alterar o curso de sua vida. 54, 39
Solidão – felicidade no futuro. 1, 4, 7
Sombras – tome cuidado com inimigos que estão tramando feri-lo. 14, 88
Sonho amoroso – alerta para se preocupar com as questões relacionadas ao coração, porque elas podem lhe trazer desgraça e escândalos. 55, 37
Sono – se você dorme em um ambiente tranquilo, isso significa que terá paz e préstimos daqueles que você ama. Se o local onde você está dormindo não é bom, você logo enfrentará doenças e compromissos partidos. 76, 45
Sopa – sucessos e tempos bons se anunciando. 67, 91
Sorriso – você logo encontrará novas alegrias para se libertar de sofrimentos passados. 45, 72
Sorte – você pode esperar a realização de seus desejos. 6, 14
Sorvete – tomar sorvete anuncia que você obterá bastante sucesso em seus negócios. Se o sorvete derreter, suas esperanças não serão realizadas. 24, 35
Sótão – você tem algumas esperanças que não se materializarão pela falta de embasamento sólido. Solucionará todos os seus problemas por meio de raciocínio cuidadoso. 6, 36, 13
Submergir – você desfrutará de uma vida longa e prazerosa. 77, 35
Submissão/conformismo – se conformará com os gostos e hábitos dos outros, apesar de não ser este seu desejo. 38, 64
Suborno – receberá o pagamento de dinheiro que você emprestou a um amigo. 42, 79
Sufocamento – aflição e sofrimento devido à conduta de alguém que você ama. Cuide de sua saúde. 28, 14
Suicídio – se você sonha que comete suicídio, logo encontrará o azar. Se são outros que cometem esse ato, isso revela que uma falha alheia afetará seus negócios. 81, 92
Surpresa – notícias precipitadas por carta lhe trarão avisos inesperados. 56, 93
Suspiro – tristeza a caminho, mas eventualmente será superada por perspectivas animadoras. 34, 57
Sussurro – fofocas negativas ao seu redor. 11, 3
Susto – seu futuro não será tão satisfatório quanto você esperava. Para uma mulher, esse sonho anuncia um amante instável e infiel. 39, 61

T

Tabaco – sucesso nos negócios e infelicidade nas questões profissionais. 16, 56
Taça – você receberá favores de estranhos. 66, 51
Talismã – amigos agradáveis e ajuda de pessoas poderosas. 51, 86
Tâmaras – se ainda estiverem no pé, prosperidade e associações felizes. Comê-las é a profecia de tempos difíceis que estão por vir. 37, 81
Tambor – ouvir o toque de um tambor denota um amigo distante em necessidade e desejoso de sua ajuda. Ver um tambor indica relações felizes com amigos. 81, 93
Tangerina – você escapará de insultos devido à ajuda de outras pessoas. 78, 40
Tanque – prosperidade e satisfação em todos os seus empreendimentos. 82, 95
Tarântula – inimigos o vencerão se você não tomar cuidado. Sonhar que está assassinando alguém indica superação das dificuldades. 97, 53
Tarde – uma tarde de sol prediz que amizades duradouras e agradáveis estão em vias de serem formadas. Se a tarde é cinza e chuvosa, tristeza e desapontamento se avizinham. 78, 65
Tarefa – trabalho lucrativo e excelente saúde. 65, 74
Tartaruga marinha – um evento inusitado lhe trará muita felicidade e ganhos nos negócios. 73, 81
Tatuagem – você será forçado a passar um longo tempo afastado de casa devido a dificuldades inesperadas. Tatuagens nos outros significam ciúme de amores inusitados. 13, 58
Táxi – receberá uma mensagem precipitada. 8, 71
Teatro – muita satisfação profissional e felicidade com os amigos. 37, 59
Tecido – tome cuidado com falsos amigos que estejam tentando destruir seus planos. 82, 77
Tela – você procura esconder suas culpas e erros com uma "capa falsa". Não dará certo, então nem tente. 37, 49
Telegrama – você receberá notícias desagradáveis logo. 94, 36
Telescópio – muito ciúme e inveja ao seu redor, mas você triunfará sobre todas as adversidades. 17, 58
Telhado – estar em um telhado significa que terá sucesso em seus empreendimentos. Se vir um buraco no telhado, você enfrentará enorme calamidade. 27, 68
Tempero – tome cuidado para não manchar sua reputação pelo amor que tem aos prazeres. 14, 88

Tempestade – sofrerá muita dor e dificuldades no futuro imediato. Seja forte e você irá superar tudo isso. 8, 1
Tempo – flutuações na vida. 38, 92
Temporal – doença e negócios desfavoráveis. Também anuncia separações entre amigos. 14, 66
Termômetro – negócios pouco satisfatórios e problemas em casa. Ver um termômetro quebrado indica que doenças estão a caminho.
Terra – transformações momentâneas iminentes em sua vida. Uma mudança para outro país é possível. 43, 29
Terremoto – problemas nos negócios e a possibilidade de guerra entre nações. 37, 71
Tesouras – inveja e rixas entre amantes e esposos. 77, 64
Tesouro – encontrar um significa boa sorte em achar alguém para ajudá-lo a atingir objetivos em sua vida. Perder um significa que perdas estão próximas. 23, 97
Testemunha – testemunhar contra os outros é um presságio de depressão e de problemas à vista. Caso sonhe que os outros estão sonhando com você, isso pode significar enfraquecimento de amizades devido à falta de compreensão de sua parte. 75, 41
Tia – suas ações serão severamente criticadas. 32, 92, 8
Tigre – sonhar que é atacado e machucado por um tigre significa que será muito perseguido por seus inimigos.
Tijolo – negócios instáveis e discussões no amor. Fazer tijolos denota falha na busca por uma fortuna. 84, 24
Tina – uma tina cheia de água indica felicidade na vida familiar. Se está vazia denota brigas e discórdias familiares. 25, 38
Tinta – mudanças inesperadas em sua vida. Tinta vermelha, azul ou dourada indica prosperidade. Preta e cinza anunciam dores e má sorte. 11, 82
Tinta de parede – se sonhar que está com suas roupas sujas de tinta, logo o pensamento de alguém o deixará infeliz. Ver casas que acabaram de ser pintadas quer dizer que você terá sucesso na realização de planos imaginários. 33, 46
Tio – más notícias chegando logo. 79, 50
Tiroteio – infelicidade no amor ou em sua vida de casado. 17, 43
Tocha – empreendimentos agradáveis e ganhos nos negócios. 11, 92
Tomates – se você sonhar que está comendo tomates terá boa saúde e felicidade em seu lar. 49, 65
Tonel – terá má sorte e uma possível separação em sua família. 9, 57
Topázio – muito boa sorte e companhias agradáveis. 17, 68
Tornozelo – sonhar com tornozelo significa que alguém o ajudará sem que você saiba. 46, 71

Torre – sonhar com uma torre significa ambições altas. Se você sonha que está subindo uma torre, suas esperanças e planos serão realizados. 68, 47
Tortura – ser torturado significa decepções e tristezas. Se você sonhar que está torturando outros, falhará em levar adiante alguns planos que poderiam lhe trazer excelente sorte para a vida inteira. 84, 76
Touro – se um touro lhe perseguir, fique atento a problemas vindouros nos negócios. Se ele parecer dócil e saudável, você está no controle de sua vida. 92, 16
Trabalho – caso sonhe que está trabalhando, você dará muito certo na vida devido a sua determinação e energia. Sonhar com os outros trabalhando significa circunstâncias positivas ao seu redor. 67, 12
Traidor – inimigos tentarão destruí-lo. 8, 94
Transpiração – problemas presentes logo desaparecerão e serão substituídos por honras. 19, 3
Travesseiro – luxúria e conforto. 73, 9
Trem – ver um trem indica que você fará uma viagem em breve. Se você estiver no trem e ele estiver se movendo suavemente, você alcançará seus planos de realizar seus desejos. 26. 55
Tremor – sua vida amorosa melhorará muito em breve. 32, 51
Trenó – tome cuidado em realizar julgamentos errôneos nos negócios ou no amor. 78, 92
Triângulo – separação dos amigos e fim de casos amorosos devido a brigas difíceis. 27, 81
Tricô – paz e tranquilidade no lar, em meio a companhia agradável e crianças adoráveis. Se uma mulher solteira sonhar com tricô, ela em breve se casará. 77, 5
Trigo – campos de trigo maduro significam boa sorte, prosperidade e ainda um amor fiel. 76, 41
Trombeta – ver uma trombeta indica que algo imprevisto está para acontecer. Se você tocar uma, alcançará seus desejos mais íntimos. 46, 83
Trono – se sentar em um, alcançará muitas honras e distinções. Sonhar que está vendo os outros em um trono significa riquezas materiais por meio da ajuda dos outros. 90, 85
Trovão – situações reversas nos negócios e luto por alguém próximo. 65, 48
Tubarão – tome cuidado com inimigos, ciúme e inveja. 89, 24
Túmulo – tristeza e decepção nos negócios. 83, 50
Túnel – sonhar que está passando por um túnel é sinal de má sorte nos negócios e no amor. 43, 97
Turista – sonhar que é um significa que você viajará para longe de

casa e terá muito prazer durante essa viagem. Ser turista indica ansiedade de amor e negócios fracos. 36, 59
Turquesa – muito em breve você realizará bons desejos. 67, 42

U

Uísque – sonhar com garrafas de uísque revela proteção a seus interesses. Sonhar que o está bebendo indica esforços para atingir objetivos, os quais serão alcançados apenas após muitas decepções. 6, 44
Uivo – você pode esperar más notícias em breve. 78, 20
Úlcera – perda de amigos e separação de alguém amado. 33, 54
Umbigo – fique atento a notícias desagradáveis repentinas ligadas a seus pais. 15, 68
Unhas das mãos – se forem bem cuidadas, indicam gostos refinados e realizações literárias. Se estiverem danificadas, haverá muita infelicidade em sua família causada por jovens sem limites. 81, 32
Uniforme – sonhar com um indica que amigos poderosos irão ajudá-lo a alcançar seus objetivos de vida. 34, 17
Urina – sonhar com urina é uma indicação de saúde fraca e problemas com amigos. Urinar em um sonho revela má sorte e dificuldades no amor. 88, 47
Ursos – para uma mulher, esse sonho indica rivalidades e falta de sorte em geral. Matar um urso significa libertação dos problemas presentes. Em geral, o sonho prediz forte competição, a qual você não achará fácil de superar. 64, 14
Uva-passa – caso sonhe que as come, suas esperanças não se materializarão. 37, 63
Uvas – preocupações e cuidados se você as come. Se você as observa penduradas em vinhas, logo alcançará riquezas e distinções. 82, 37

V

Vaca – ver vacas com ubres cheios denota abundância e felicidade. 35, 28
Vacina – insatisfação em suas questões e problemas em sua vida amorosa. 7, 62
Vagão – um sinal de um casamento infeliz à vista. Um vagão quebrado é sinal de tristeza e azar. Mas dirigir um em uma subida indica melhora em seus negócios. 7, 55
Vale – vales verdes anunciam melhorias nos negócios e alegrias no amor. O oposto indica que o vale é seco e desolado. 32, 74

Valsa – ver outra pessoa dançando indica uma relação com amigos parecidos. Dançar com alguém, especialmente com seu amor, indica prazer e uma relação apaixonada por aquela pessoa. 10, 7
Vampiro – vários problemas em seu casamento serão causados pela ganância. 18, 74
Vapor – sonhar com vapor significa que está prestes a ter companhias depressivas ao seu redor. 91, 27
Vasilhame – denota prosperidade e tempos felizes por vir, contanto que o barril esteja cheio. Se estiver vazio, sua vida não será fácil. 91, 11
Vaso – ver um indica felicidade em casa. Beber algo que esteja em um vaso quer dizer que você roubará o amor de alguém. Um vaso quebrado anuncia luto a caminho. 16, 31
Vassoura – você fará rápidos progressos em seu caminho para o sucesso. 2, 45
Vaticano – será inesperadamente honrado por pessoas importantes. 23, 98
Vegetais – boa sorte inesperada em seu caminho, se você sonha que os come. Caso estejam podres ou "murchos", você passará por momentos de muita tristeza. 18, 95
Veia – sonhar com veia indica proteção contra difamação. Se as veias estão sangrando você pode esperar luto e má sorte. 8, 47
Vela – se vir uma vela queimando com uma chama clara e brilhante, você pode depender da amizade daqueles próximos a você e pode esperar sucesso em todos os seus negócios. Se apagar uma vela, significa a morte de um amigo próximo ou de um parente. 37, 59
Veludo – sucesso em todos os negócios. Usar veludo significa que honras estão chegando. 75, 39
Vendaval – fique atento a feridas físicas, especialmente na cabeça. Tome cuidado enquanto estiver viajando. 68, 15
Veneno – infelicidade e dificuldade ao seu redor. 62, 43
Ventania – se o vento que sopra sobre você é leve, isso indica uma herança enorme devido a falecimento. Um vento forte quer dizer que você será tentado e, após esforço e determinação, conseguirá fortuna e status na vida. 55, 91
Ventilador – notícias agradáveis e surpresas em breve. 51, 3
Ventríloquo – tome cuidado com traição ao seu redor. 22, 94
Vergonha – seu negócio prosperará. Muito sucesso em seu caminho. 72, 93, 1
Verme – tome cuidado com intrigas da parte de pessoas de má reputação. Usá-las como isca pode significar que usará seus inimigos para alcançar vantagens em seus próprios projetos. 34, 61
Vermelho – tome cuidado com discussões. Caso sonhe que está vestido de vermelho, deve começar logo um caso de amor. 55, 7

Verruga – se você sonha que a possui, será vítima de ataques a sua honra. Ver verrugas em alguém indica que inimigos estão a postos para atacá-lo. 18, 72
Vespa – tome cuidado com ataques de inimigos. Se você foi picado por uma, será vítima de ciúme e inveja. 79, 63
Vestido – problemas em sua vida causados por uma mulher calculista. 33, 13
Véu – usar um véu indica decepção e falta de sinceridade. Um véu de noiva belo é indicação de muito sucesso em um futuro próximo. Se os outros usam véu, tome cuidado com aflições causadas por amigos. 76, 40
Viagem – lucros combinados com prazeres. Viajar em um carro lotado indica aventuras felizes com amigos inatos. 67, 8
Viagem pelo mar – há uma herança em seu caminho. 11, 9
Víbora – a não ser que você sonhe que a está matando, calamidades o ameaçam. Nesse caso você escapará sem que seja ameaçado pelos perigos à sua volta. 83, 94
Vidros e espelhos – olhar através do espelho denota decepções amargas. Quebrá-lo anuncia uma morte acidental. Quebrar louças ou janelas indica que seus negócios podem dar errado. 79, 65
Vigário – tome cuidado com ciúme e inveja, que podem levá-lo a tomar atitudes impensadas. 22, 94
Vinagre – beber vinagre revela aflição devido a uma tarefa ingrata. Sonhar com isso é um presságio ruim em todos os aspectos. 18, 53
Vinha – prosperidade e sucesso são indicados, assim como boa saúde nos tempos próximos. 26, 78
Vinho – sonhar que se está tomando vinho revela alegria e bons amigos. Ver barris de vinho anuncia luxo e prosperidade. 57, 71
Violência – se você for a vítima, será vencido por seus inimigos. Se for o agressor, perderá muito devido a um comportamento desperdiçador e negativo. 18, 53
Violetas – ocasiões felizes por vir e o amor de alguém realmente maravilhoso. 55, 77
Violino – sonhar que está tocando ou ouvindo um indica paz e harmonia ao seu redor, assim como ganhos nos negócios. 73, 26
Virgem – boa sorte nas suas conquistas amorosas. 58, 31
Visco – felicidade e grande regozijo. 44, 6
Visita – visitar alguém em um sonho significa afazeres deliciosos em um futuro próximo. Se a visita é maliciosa ou desagradável, tome cuidado com aflições ou pessoas desagradáveis. 88, 46
Vítima – ser uma indica perigo de ser vencido por seus inimigos. Problemas de família também podem vir a acontecer. 49, 2

Vitória – você superará seus inimigos e terá muito prazer no amor. 5, 75
Viúva – sonhar com uma viúva indica aflições causadas por pessoas maliciosas. 32, 69
Vizinho – esforços e fofocas ineficazes e possibilidades de brigas. 46, 15
Voar – se voar alto, você terá dificuldades no casamento. Voar baixo indica doença e desconforto que passará com o tempo. 32, 6
Vômito – você enfrentará doenças que podem se mostrar difíceis, ou caso sonhe que está vomitando, enfrentar ainda escândalos enormes. Ver alguém fazendo isso significa que terá consciência da falsidade de alguém que você ama. 16, 48
Voo – realizará uma mudança repentina que trará benefícios. 38, 27
Voto – sonhar que está votando indica envolvimento em problemas sociais. 29, 73
Votos – escutar votos revelam que acusações serão lançadas a você por má conduta nos negócios. Questões amorosas também estão ameaçadas. 24, 79
Vulcão – ver um vulcão em erupção significa discussões e discordâncias violentas. 69, 35

X

Xampu – lavar sua cabeça significa que logo se verá livre de muitos problemas injustificados e preocupações. Ver excesso de espuma é um aviso contra falsas ilusões. 78, 52
Xerife – incertezas devido a mudanças inesperadas. 34, 75
Xilofone – um tempo feliz se aproxima. Se você sonha que está tocando um, logo terá o controle de sua vida e sucesso muito além de sua imaginação. 7, 69

Z

Zebra – você está interessado em empreendimentos que não oferecem segurança em um futuro próximo. 3, 48
Zéfiro[9] – você vai sacrificar muito na busca pelo seu amor, mas será altamente recompensado. 86, 9
Zênite – possibilidades excelentes de casamento com um marido rico e amável. 7, 59

---
9 Vento suave e fresco (N. T.).

Zero – não permita que problemas menores o incomodem. 27, 64
Zinco – progresso substancial e pessoal em seus afazeres. 97, 45
Zodíaco – sucesso enorme em seus afazeres, tanto quanto a paz e felicidade em sua vida pessoal. 38, 49
Zoológico – ganhos em viagens. 13, 7
Zumbi – você será enganado por pessoas falsas e deve adquirir um controle grande sobre sua própria vida. 72, 31

Sobre a autora

Migene González-Wippler nasceu em Porto Rico, é graduada em Psicologia e Antropologia pela Universidade de Porto Rico e pela Universidade de Columbia. Foi editora de ciências da Divisão de Ciências da John Wiley, o Instituto Americano de Medicina e o Museu Natural Americano em Nova York, e diretora inglesa das Nações Unidas em Viena, onde viveu por muitos anos. É uma notória escritora de vários livros de religião e misticismo, incluindo o aclamado *Santería: African Magic in Latin América*.

TIPOGRAFIA	GARAMOND E ALTHEA
PAPEL DE MIOLO	OFF SET 70g/m²
PAPEL DE CAPA	COUCHÊ 250g/m²
IMPRESSÃO	IMPRENSA DA FÉ